轻松汉语

——初级汉语听力(下册)

王尧美　主编

王尧美　蔡　燕
唐娟华　任晓艳　编著
孙鹏程　**英语翻译**
李昌炫　**韩语翻译**

图书在版编目(CIP)数据

轻松汉语:初级汉语听力(下册)/王尧美主编. —北京:北京大学出版社,2006.12
(北大版对外汉语教材·听力教程系列)
ISBN 978-7-301-08189-1

Ⅰ.轻… Ⅱ.王… Ⅲ.汉语-听说教学-对外汉语教学-教材 Ⅳ.H195.4

中国版本图书馆CIP数据核字(2006)第086387号

书　　　　名:	轻松汉语——初级汉语听力(下册)
著作责任者:	王尧美　主编
责 任 编 辑:	刘　正
标 准 书 号:	ISBN 978-7-301-08189-1/H·1294
出 版 发 行:	北京大学出版社
地　　　　址:	北京市海淀区成府路205号　100871
网　　　　址:	http://www.pup.cn
电　　　　话:	邮购部 62752015　发行部 62750672　编辑部 62753334　出版部 62754962
电 子 邮 箱:	zpup@pup.pku.edu.cn
印 　刷 　者:	北京大学印刷厂
经 　销 　者:	新华书店
	787毫米×1092毫米　16开本　17.25印张　462千字
	2006年12月第1版　2016年2月第4次印刷
定　　　　价:	52.00元(含1张Mp3)

未经许可,不得以任何方式复制或抄袭本书之部分或全部内容。
版权所有,侵权必究　举报电话:010-62752024
电子邮箱:fd@pup.pku.edu.cn

前 言

本人2002年在韩国工作期间,为完成国家汉办的调研项目,对韩国十几所大学的中文教材做了广泛深入的调查,回国后又对国内市场上的对外汉语教学的教材做了比较细致的研究,发现与《高等学校外国留学生汉语教学大纲》(简称《大纲》)配套的比较合适的教材较少,《轻松汉语》这套教材是完全依据《大纲》而编写。

《轻松汉语——初级汉语听力》是以培养学习者的汉语交际能力为目标,既可以用于长期进修生,也可以用于短期教学。教学对象为汉语初级阶段的学习者。本书分上、下两册,每册30课,共60课,可供每周4～6学时,每学期18～20周的课堂教学使用一个学年。

课文内容取材于真实的交际环境,涉及的生活面较广,从不同的侧面展现来自不同文化背景的留学生在中国的真实生活。所选用的词语、句式契合留学生的实际需要,课堂上学过的马上就可以在生活中使用,能有效地建立初学者的自信心。

词汇、语言点紧扣国家汉办《大纲》,每一课的中心话题都依据《大纲》短期大纲的交际项目而编写。

在课文形式上由两段对话和一段叙述性短文构成。内容包括社会交往、点菜吃饭、寻医问药、邮电通信、参观旅游等涵盖大纲中的初等交际项目的30个功能项目。在练习的设计上,力求体现第二语言学习的习得规律。分为两类:第一类练习与课文有关,着重考察学习者的语音、语调及对课文内容的掌握。第二类练习考虑到HSK的特点,有针对性地对此做了专门的训练,所以这套教材也可以作为一套HSK的应试教材。

本套教材的编写人员都是在对外汉语教学第一线工作多年的高校教师。他们在教学实践中积累了丰富的教学经验,又有相当深厚的理论修养,他们主持或承担了许多重要的科研项目,并承担过多种对外汉语教学教材的编写工作,这一切都是保证了本套教材的高质量。

在本套教材将要付梓之际,我们要向北京大学出版社沈浦娜主任、责任编辑张进凯老师表示衷心感谢,在本套教材的编写过程中,他们给了我们很多的建议和鼓励,感谢他们为这套教材顺利地出版付出的心血和汗水。

在这里我们要感谢山东大学国际教育学院的领导和同事的支持,感谢那些为我们提过建议的外国留学生和中文教师,最后我们还要感谢一直支持我们的家人。

王尧美

2006年3月

目 录

课　文	练习	录音文本及答案
第 一 课　最近我实在太忙	1	152
第 二 课　我要存钱	6	156
第 三 课　今天我们吃什么	11	160
第 四 课　要先挂号	16	163
第 五 课　那跟没讲有什么区别	21	167
第 六 课　请问您是要住宿吗	26	171
第 七 课　你怎么迟到了	31	175
第 八 课　我们想去桂林旅游	36	179
第 九 课　你怎么租到的房子	41	183
第 十 课　这次考试考得怎么样	46	187
第十一课　多功能的电子词典	51	191
第十二课　用汉语写信真难啊	56	195
第十三课　今天晚上有迎新晚会	61	199
第十四课　你不是喜欢散步吗	66	203
第十五课　他俩离婚了	71	207
第十六课　装修新房可不是个轻松的活儿	77	211
第十七课　没课的时候你经常做什么	82	215
第十八课　你理想的女朋友是什么样子的	87	219
第十九课　求助电话	92	223
第二十课　我教你做中国菜吧	97	227
第二十一课　很多人选择在假期去旅游	102	231
第二十二课　我家的电脑上不去网	107	235

第二十三课	我想租一套房子	112	239
第二十四课	我正在找工作呢	117	243
第二十五课	现代人越来越爱美了	122	247
第二十六课	我要托运这个行李	127	251
第二十七课	她打针的胳膊发炎了	132	255
第二十八课	父母可以成为孩子的朋友	137	259
第二十九课	我们要去教学实习	142	263
第 三 十课	你是不是南方人	147	267

第一课　最近我实在太忙

生词

1. 科技馆	（名）	kējìguǎn	science and technology museum	과학기술관
2. 举办	（动）	jǔbàn	to hold	거행하다.개최하다
3. 机器人	（名）	jīqìrén	robot	로봇
4. 展览	（名）	zhǎnlǎn	exhibition	전시.전시회.전시하다
5. 专门	（副）	zhuānmén	special	전문적으로.일부러.특별히.오로지
6. 好	（副）	hǎo	in order to	...할 수 있도록(할 수 있게끔)
7. 了解	（动）	liǎojiě	to understand	잘알다.조사하다.알아보다
8. 科学	（名）	kēxué	science	과학.과학적이다
9. 知识	（名）	zhīshi	knowledge	지식
10. 幸福	（形）	xìngfú	happy	행복.행복하다
11. 可	（副）	kě	can；may	할만하다.할 수 있다
12. 伴儿	（名）	bànr	companion；partner	동행자.반려.짝
13. 呗	（助）	bei	aux. word	어기조사로 사실이나 이치가 분명함을 나타냄
14. 实在	（副）	shízài	really	확실히.참으로.정말로
15. 遗憾	（形）	yíhàn	to regret	유감.유감스럽다
16. 约	（动）	yuē	to invite；to make appointment with	약속.약속하다
17. 只好	（副）	zhǐhǎo	to have to	다만...하는 수 밖에없다
18. 着	（动）	zháo	to fall asleep	잠들다
19. 夜	（名）	yè	night	밤.심야

20.	困	（形）	kùn	sleepy; to be tired	피곤하다.졸립다
21.	难得	（形）	nándé	it is rare	얻기 힘들다
22.	错过	（动）	cuòguò	to miss	기회등을 놓치다
23.	功课	（名）	gōngkè	homework	학과목.숙제
24.	待	（动）	dāi	to stay	머무르다.묵다
25.	耽误	（动）	dānwu	to delay	지체하여 일을 그르치다
26.	同事	（名）	tóngshì	colleague	동료
27.	装修	（动）	zhuāngxiū	to fit up(a house, etc.)	집 따위의 내장공사를 하다
28.	幅	（量）	fú	a quantifier for picture or painting etc	포목.종이.그림 따위를 세는 단위
29.	特别	（形）	tèbié	particular; specia	특별히.특별하다

第一部分 以下是根据第一段课文的问题

一、连续听两遍录音,边听边填空：

1. 那是_____为中、小学生举办的,好让他们多了解科学知识。
2. 我也是这么想的,去参观一下一定会长不少_____。
3. 不过最近我_____太忙,一点儿时间也没有。
4. 唉,太_____了,那我_____一个人去了。
5. 我怎么没想到他呢?_____打_____打!

二、再听一遍录音,判断正误：

1. 李知恩不知道最近科技馆正在举办一个机器人展览。(   )
2. 这个机器人展览是专门为大学生举办的。(   )
3. 男的认为去参观机器人展览一定会长不少知识。(   )
4. 李知恩对那个展览不感兴趣,所以她不想去看。(   )

5. 男的可能和张明一起去看机器人展览。（　　）

三、再听一遍录音,请回答下列问题:

1. 科技馆举办机器人展览对中小学生来说有什么好处?
2. 现在孩子的生活和以前的孩子比怎么样?
3. 李知恩想去看机器人展览吗?她去不去?
4. 男的可能约谁一起去看机器人展览?
5. 男的什么时候给那个人打电话?

四、写下你听到的句子:

1. _____。
2. _____。
3. _____。

第二部分　以下是根据第二段课文的问题

一、连续听两遍录音,边听边填空:

1. 可是我晚上_____看书_____想睡觉,喝点儿咖啡就不困了。
2. _____你今天晚上是没有时间了。
3. 我这儿有两张京剧票,_____想请你一起去看的。
4. 这次机会_____,我可不能_____!
5. 没关系,我星期六不出去玩儿了,_____在宿舍里复习一_____。

二、再听一遍录音,判断正误:

1. 罗伯特要去学校外面的超市买几包咖啡。（　　）
2. 罗伯特晚上一看书就不想睡觉了。（　　）
3. 女的那儿有两张京剧票。（　　）
4. 罗伯特来中国以前就知道京剧了。（　　）
5. 罗伯特很想去看京剧,但是他今天晚上没有时间,去不了。（　　）

三、再听一遍录音,请回答下列问题:

1. 罗伯特晚上为什么要喝咖啡?

2. 女的想请罗伯特做什么?
3. 罗伯特想去吗？为什么?
4. 罗伯特打算星期六做什么?
5. 京剧什么时候开始？在哪儿演?

四、写下你听到的句子：

1. _____。
2. _____。
3. _____。

第三部分　以下是根据第三段短文的问题

请回答下列问题：

1. 王丽两个月前买了什么?
2. 王丽什么时候搬进新家去的?
3. "我"要送给王丽什么礼物?
4. "我"为什么要送给她那件礼物?

第四部分　HSK 模拟试题

根据录音及其问题,在 A、B、C、D 四个答案中选择唯一恰当的答案：

1. A. 这件大衣比那件便宜
   B. 这件大衣没有那件贵
   C. 这件大衣看起来很好,而且比那件便宜
   D. 这件大衣看起来不太好,可是比那件贵

2. A. 在问一个人看电影是什么意思
   B. 问小张有没有时间,他想和小张一起去看电影
   C. 觉得一个人看电影没意思,所以他让听话的人约小张
   D. 有时间去看电影,所以他打电话约小张一起去看电影

3. A. 工作 B. 出差
   C. 看电影 D. 参加聚会

4. A. 没有钱,买不起房子
   B. 有很多钱,买得起房子
   C. 很有钱,但是不想买房子
   D. 虽然钱不少,但是买不起房子

5. A. 说话人觉得那个京剧很好看
   B. 说话人觉得那个京剧不太好
   C. 听话的那个人今天不想去看京剧
   D. 说话人昨天没有告诉那个人京剧不太好

6. A. 有时间,也想去 B. 有时间,也不想去
   C. 对展览不感兴趣 D. 想去看展览,可是她没有时间

7. A. 晚上熬夜 B. 晚上看书
   C. 准备考试 D. 不想早点儿睡觉

8. A. 男的女朋友很漂亮
   B. 男的可能要送给他女朋友一幅画儿
   C. 男的女朋友一定不喜欢那个礼物
   D. 女的觉得给男的女朋友选礼物很容易

9. A. 女的出去玩儿了两天
   B. 因为下雨了,所以女的在家里呆了两天
   C. 女的喜欢下雨,虽然下雨了,她还是出去玩儿了
   D. 女的不喜欢下雨,可是她想出去玩儿,所以她出去了

10. A. 昨天她病了,去医院了
    B. 她听不懂老师的话,她不想来上课
    C. 昨天她病了,她的朋友陪她去医院了
    D. 昨天她的朋友病了,她陪朋友去医院了

第二课 我要存钱

生词

1.	存	（动）	cún	to deposit	저축하다.맡기다.보관하다
2.	存折	（名）	cúnzhé	bankbook	예금통장
3.	证件	（名）	zhèngjiàn	certificate	증명서.증빙서류
4.	护照	（名）	hùzhào	passport	여권
5.	填	（动）	tián	to fill in	기입란,공란등에 기입하다
6.	单子	（名）	dānzi	list	명세표.표.목록.쪽지
7.	联系	（动）	liánxì	to contact	연락하다
8.	定期	（名）	dìngqī	fixed (deposit)	정기.정기의
9.	活期	（名）	huóqī	current (deposit)	당좌
10.	密码	（名）	mìmǎ	password	암호.비밀번호
11.	输入	（动）	shūrù	to input	입력하다
12.	数字	（名）	shùzì	figure; number	숫자
13.	手续	（名）	shǒuxù	procedure; formality	수속.절차
14.	办	（动）	bàn	to do; to handle	처리하다.수속을 밟다
15.	营业员	（名）	yíngyèyuán	shop assistant	점원.종업원
16.	简单	（形）	jiǎndān	simple	간단하다.단순하다
17.	提前	（动）	tíqián	ahead; advance	예정된 시간이나 일정을 앞당기다
18.	出示	（动）	chūshì	to present; to show	제시하다.내보이다
19.	挂失	（动）	guàshī	to report the loss of	분실신고를 하다
20.	重新	（副）	chóngxīn	again	처음부터 다시.새로.재차
21.	大部分	（名）	dàbùfen	majority	대부분

22. 选择	（动）	xuǎnzé	to chose; to select	선택.선택하다
23. 利息	（名）	lìxī	interest	이자
24. 安全	（形）	ānquán	safe	안전하다
25. 为了	（连）	wèile	for; fo the sake of	...을 위하여
26. 发现	（动）	fāxiàn	to discover	발견하다.알게되다
27. 藏	（动）	cáng	to hide	저장하다.보관하다
28. 半天	（数量）	bàntiān	a long time; quite a while	한참동안.오랫동안
29. 好像……似的		hǎoxiàng…shìde	it is seemed to be…	마치...인것 같다
30. 白	（副）	bái	free of charge	헛되이.쓸데없이.보람없이

练习

第一部分　以下是根据第一段课文的问题

一、连续听两遍录音，边听边填空：

1. 您好，我要_____。
2. 请让我看一下您的_____。
3. 可以，请您_____一下这个单子，在这儿写上您的_____号码、地址和联系电话。
4. 您要存_____还是存_____？
5. 请输入_____，需要六位数字。_____办好了，请拿好存折。

二、再听一遍录音，判断正误：

1. 这个对话发生在商店里。（　　）
2. 女的没有存折，因为她放在家里了。（　　）
3. 女的有护照。（　　）
4. 存活期时不能把美元和人民币存在一张存折上。（　　）
5. 女的办理存折的时候需要密码。（　　）

三、再听一遍录音,请回答下列问题:

1. 女的有没有存折?
2. 女的要在单子上填什么?
3. 女的存定期还是活期?
4. 美元和人民币可以存在一个存折上吗?
5. 存钱时需要几位密码?

四、写下你听到的句子:

1. _____。
2. _____。
3. _____。

第二部分　以下是根据第二段课文的问题

一、连续听两遍录音,边听边填空:

1. 我还没去中国的银行取过钱,_____ 麻烦不麻烦?
2. 如果有密码,取钱以前要输入密码,还要在_____ 上签名。
3. 如果是定期的想_____ 取,怎么办?
4. 那需要_____ 你存款时的证件。
5. 需要马上去银行_____ 失,然后再重新办一个存折。

二、再听一遍录音,判断正误:

1. 在中国的银行取钱一点儿也不麻烦。(　　)
2. 取钱的时候不需要签名。(　　)
3. 定期的存款不能提前取。(　　)
4. 存款的时候不需要证件。(　　)
5. 存折丢了应该马上去银行挂失。(　　)

三、再听一遍录音,请回答下列问题:

1. 女的去中国的银行取过钱吗?

2. 在中国的银行取钱手续麻烦吗？
3. 取钱的时候应该怎么办？
4. 定期的存款想提前取应该怎么办？
5. 存折丢了能不能再办一个新的？

四、写下你听到的句子：

1. _____。
2. _____。
3. _____。
4. _____。

第二部分　以下是根据第三段短文的问题

请回答下列问题：

1. 如果有钱，大部分人会怎么办？
2. 为什么有的人把钱放在家里？
3. 把钱放在家里怎么样？
4. "我"的朋友喜欢把钱藏在哪里？
5. "我"的朋友为什么会高兴半天？

第四部分　HSK模拟试题

根据录音及其问题，在A、B、C、D四个答案中选择唯一恰当的答案：

1. A. 宾馆　　　B. 商店　　　C. 银行　　　D. 图书馆

2. A. 一月十号　　　　　　B. 一月七号
   C. 一月三号　　　　　　D. 一月十三号

3. A. 女的存折丢了　　　　B. 女的证件丢了

C. 男的忘记密码了　　　　　　　　D. 要想取钱,女的最少要等7天

4. A. 换钱　　　　　　　　　　　　B. 存钱
   C. 买外汇　　　　　　　　　　　D. 办身份证

5. A. 学习　　　　　　　　　　　　B. 工作
   C. 旅行　　　　　　　　　　　　D. 存钱的事情

6. A. 女的很着急　　　　　　　　　B. 女的要去图书馆挂失
   C. 女的要去图书馆借书　　　　　D. 女的的借书证可能丢了

7. A. 爱笑的人　　　　　　　　　　B. 很严肃的人
   C. 很热情的人　　　　　　　　　D. 很内向的人

8. A. 天气预报不准　　　　　　　　B. 今天下了大雨
   C. 男的带了白雨衣　　　　　　　D. 男的一般都坐公共汽车上班

9. A. 银行每天都很忙　　　　　　　B. 存折丢了应该挂失
   C. 忘了密码应该办理新存折　　　D. 在银行里存定期的钱很麻烦

10. A. 商店　　　B. 食堂　　　C. 医院　　　D. 图书馆

第三课　今天我们吃什么

生词

1.	哇	（叹）	wā	oh	감탄사
2.	学问	（名）	xuéwen	knowledge	학문.지식
3.	讲究	（形/动）	jiǎngjiu	to pay attention to; exquisite	중요시하다
4.	香	（形）	xiāng	fragrant	향기로움.향기롭다
5.	味	（名）	wèi	flavor	맛.냄새
6.	俱全	（形）	jùquán	all mentioned are available	모두 갖추다
7.	各	（代）	gè	each	각자.제각기
8.	风味	（名）	fēngwèi	flavor	기분.맛.특색
9.	分	（动）	fēn	to divide	나누다.가르다.분류하다
10.	菜系	（名）	càixì	style of cooking	각지방의 요리방식,맛등의 계통
11.	算	（动）	suàn	to calculate	...로하다...로 여기다.포함시키다
12.	分别	（副）	fēnbié	apart	구별하다.식별하다
13.	一下子		yīxiàzi	all of a sudden; at one blow	갑자기.단번에
14.	推荐	（动）	tuījiàn	to recommend	추천하다
15.	清淡	（形）	qīngdàn	light	맛이 담백하다.깔끔하다
16.	咸	（形）	xián	salty	맛이 짜다
17.	赶快	（副）	gǎnkuài	hurry; hurry up	얼른.어서.재빨리
18.	既然	（连）	jìrán	since; now that	기왕.이렇게 된 이상
19.	饮料	（名）	yǐnliào	beverage	음료
20.	果汁	（名）	guǒzhī	fruit juice	과일즙.과일쥬스
21.	文化	（名）	wénhuà	culture	문화.일반교양

22.	度数	（名）	dùshù	degree	도수
23.	壶	（名）	hú	kettle；pot	술병.단지.주전자
24.	正	（副）	zhèng	just	마침.꼭.바로.딱
25.	鱼	（名）	yú	fish	물고기.생선
26.	美食家	（名）	měishíjiā	bellygod；epicure	미식가
27.	确实	（副）	quèshí	for sure	확실하다
28.	夸奖	（动）	kuājiǎng	compliment	칭찬하다
29.	新鲜	（形）	xīnxiān	fresh	신선하다.싱싱하다

专　　名		PROPER NOUN	고유명사
1.	川　菜	Chuān cài　　Sichuan cuisine	사천요리
2.	鲁　菜	Lǔ cài　　Shandong cuisine	산동요리
3.	粤　菜	Yuè cài　　Canton cuisine	광동요리

第一部分　以下是根据第一段课文的问题

一、连续听两遍录音，边听边填空：

1. 我知道中国菜不但_____，而且里面还有不少_____呢！
2. 中国菜_____色、香、味俱全，_____地有_____地的风味。
3. 川菜应该算一个吧，那么_____的三大菜系是什么？
4. 这么多，我_____可记不住，你_____一下儿哪种菜最有特色。
5. 我喜欢_____一点儿的,我们去吃粤菜怎么样？

二、再听一遍录音，判断正误：

　　1. 李知恩以前没有吃过川菜。（　　　）

2. 李知恩觉得中国菜不好吃,但是中国菜有很多学问。(　　)
3. 中国菜分为十大菜系。(　　)
4. 中国菜中川菜比较辣,粤菜比较咸,鲁菜比较清淡。(　　)
5. 李知恩喜欢清淡一点儿的菜。(　　)

三、再听一遍录音,请回答下列问题:

1. 中国菜怎么样?有什么特点?
2. 中国菜分为几大菜系?请你说出这些菜系的名字。
3. 中国这几大菜系的味道有什么不同?你喜欢什么味道的菜?
4. 李知恩和男的可能去吃什么菜?
5. 谈一谈你们国家的饭菜有什么特点。

四、写下你听到的句子:

1. _____。
2. _____。
3. _____。

第二部分　以下是根据第二段课文的问题

一、连续听两遍录音,边听边填空:

1. _____中国菜有很多学问,_____中国饮料也有一定的讲究吧!
2. 中国人吃饭时一般要喝点儿酒、茶、果汁_____。
3. 跟韩国_____吧,有白酒、啤酒、红酒等等。
4. _____,北方人喜欢喝花茶,南方人喜欢喝绿茶。
5. 这种茶_____是我喜欢的,我们_____要菊花茶!

二、再听一遍录音,判断正误:

1. 中国菜有很多学问,中国饮料也有一定的讲究。(　　)
2. 中国人吃饭时一般喝茶、果汁什么的,不喝酒。(　　)
3. 中国白酒的度数有少部分比韩国的度数高。(　　)
4. 在中国,北方人喜欢喝红茶,南方人喜欢喝绿茶。(　　)
5. 男的很喜欢菊花茶。(　　)

三、再听一遍录音，请回答下列问题：

1. 中国人吃饭的时候一般喝什么？
2. 中国都有什么样的酒？
3. 中国茶分为哪几种？北方人和南方人分别喜欢喝哪种茶？
4. 男的和女的最后点了什么茶？
5. 谈谈你们国家喝酒的习惯以及酒文化和茶文化。

四、写下你听到的句子：

1. _____。
2. _____。
3. _____。

第三部分　以下是根据第三段短文的问题

请回答下列问题：

1. 迈克去饭馆吃饭的时候，他点了什么菜？
2. 吃饭的时候他对老板说什么？
3. 老板听了迈克的话以后心情怎么样？他是怎么回答的？
4. 迈克为什么说那样的话？

第四部分　HSK模拟试题

根据录音及其问题，在A、B、C、D四个答案中选择唯一恰当的答案：

1. A. 辣的　　　B. 咸的　　　C. 苦的　　　D. 清淡的

2. A. 说话人喜欢吃辣的
   B. 说话人不喜欢吃辣的
   C. 说话人觉得南方的菜不好吃

D. 说话人在南方没吃多少菜,因为他不喜欢

3. A. 他喜欢喝很多酒
   B. 他一点儿酒也不喝
   C. 他觉得可以喝一点儿酒
   D. 他觉得喝很多酒对身体也没关系

4. A. 教室　　　B. 宿舍　　　C. 饭馆　　　D. 家里

5. A. 他们没要花茶
   B. 说话人以前知道他不喜欢花茶
   C. 说话人以前不知道他不喜欢花茶
   D. 说话人现在也不知道他不喜欢花茶

6. A. 女的问男的是谁说她能喝酒
   B. 女的说自己不能喝酒,也不喜欢喝酒
   C. 女的不喜欢喝白酒,也不喜欢喝别的酒
   D. 女的不喜欢喝别的酒,但是喜欢喝一点儿白酒

7. A. 他们没有点汤
   B. 服务员不想给他们上汤
   C. 男的一定知道中国人吃饭的习惯
   D. 在中国吃饭的时候,先吃菜,再喝汤

8. A. 服务员　　　　　　　B. 留学生
   C. 摄影师　　　　　　　D. 出租车司机

9. A. 高兴　　　B. 伤心　　　C. 生气　　　D. 愤怒

10. A. 现在没到吃饭的时间
    B. 女孩儿问在哪儿吃饭
    C. 女孩儿问什么时候吃饭
    D. 女孩儿说她很忙,没有时间吃饭

第四课　要先挂号

生词

1.	摔	（动）	shuāi	to fall	넘어지다.떨어지다
2.	伤	（动）	shāng	to injure; to wound	다치다
3.	步	（名）	bù	step	단계.순서
4.	挂号	（动）	guàhào	to register	접수시키다.수속하다
5.	病历	（名）	bìnglì	case history	진료기록.진료카드
6.	内科	（名）	nèikē	internal medicine	내과
7.	外科	（名）	wàikē	surgery	외과
8.	或者	（连）	huòzhě	or; possibly	...이거나...이다.이든지 ...아니면...이든지
9.	方言	（名）	fāngyán	dialect	방언.사투리
10.	耐心	（形）	nàixīn	patient	참을성.인내심이 있다
11.	划价	（动）	huàjià	row prices	의료비를 산정하여 처방전에 쓰다
12.	抽空儿	（动）	chōukòngr	to make time	시간을 내다.짬을 내다
13.	看望	（动）	kànwàng	to visit	문안하다.방문하다
14.	康复	（动）	kāngfù	to get well; recover	건강을 회복하다
15.	肠炎	（名）	chángyán	enteritis	장염
16.	肠胃	（名）	chángwèi	intestines and stomach	장과 위
17.	平时	（名）	píngshí	at ordinary times	평소.보통 때
18.	饮食	（名）	yǐnshí	bite and sup; diet	음식
19.	注意	（动）	zhùyì	to pay attention to	주의하다.유의하다
20.	海鲜	（名）	hǎixiān	seafood	신선한 해산물
21.	急性	（名）	jíxìng	acute	급성의
22.	输液	（动）	shūyè	to transfuse; infusion	수액.수액하다
23.	成员	（名）	chéngyuán	member	구성원

24. 游客	（名）	yóukè	tourist; visitors	관광객
25. 原来	（副、形）	yuánlái	to turn out to be...; originally	원래.본래
26. 牛奶	（名）	niúnǎi	milk	우유
27. 竹子	（名）	zhúzǐ	bamboo	대나무
28. 饲养员	（名）	sìyǎngyuán	stockman; stock raiser	사육사
29. 治疗	（动）	zhìliáo	treatment; to cure; to treat	치료하다

练习

第一部分　以下是根据第一段课文的问题

一、连续听两遍录音，边听边填空：

1. 前一阵子，有位同学_____伤了腿，我_____她一起去的医院。
2. 听说在中国看病挺_____的，是吗？
3. 在中国，一般来说，第一步要先_____，买一本病历。
4. 听说有的医生说_____，那能听懂吗？
5. 下一步就可以_____拿药了吧？

二、再听一遍录音，判断正误：

1. 海伦来到中国以后没有去过医院。（　　）
2. 海伦因为摔伤了腿，她的同学陪她一起去了医院。（　　）
3. 在中国看病第一步是先挂号，买一本病历。（　　）
4. 看病的时候有的医生说方言，所以留学生一定听不懂。（　　）
5. 找医生看完病以后就可以直接去拿药了。（　　）

三、再听一遍录音，请回答下列问题：

1. 海伦来到中国以后，为什么去医院？
2. 在中国看病的时候，挂号分为哪两个科？

3. 请你说出在中国看病的步骤。
4. 谈一谈在你们国家病人看病的步骤。

四、写下你听到的句子：

1. _____。
2. _____。
3. _____。

第二部分 以下是根据第二段课文的问题

一、连续听两遍录音，边听边填空：

1. 公司的事这么多，你还_____来看我，真让我不好意思。
2. 你病了，我_____不来看望看望啊？
3. 你的身体_____都好好儿的，怎么_____会得了肠炎呢？
4. _____，我的肠胃一直都不太好，平时饮食都非常_____。
5. 还好，没什么大问题，不过以后你吃海鲜可_____要小心啊！

二、再听一遍录音，判断正误：

1. 王玲病了，她的同学来看她。（   ）
2. 王玲的肠胃一直都不太好。（   ）
3. 王玲和她的同学前天聚会了。（   ）
4. 王玲生病以后老是拉肚子。（   ）
5. 王玲是因为吃海鲜吃坏了肚子，所以得了病。（   ）

三、再听一遍录音，请回答下列问题：

1. 王玲病了，谁来看她？
2. 他送王玲什么礼物？
3. 王玲为什么得病？得病后有什么症状？
4. 医生说王玲得的是什么病？应该怎么治疗？
5. 谈谈在你们国家看望病人时一般送什么礼物？

四、写下你听到的句子：

1. _____ 。
2. _____ 。
3. _____ 。

第三部分　以下是根据第三段短文的问题

请回答下列问题：

1. 动物园里新来了一位什么新成员？
2. 为什么这两天游客很难见到它？
3. 这位新成员因为什么得了病？
4. 什么时候游客可以再见到它？

第四部分　HSK 模拟试题

根据录音及其问题，在 A、B、C、D 四个答案中选择唯一恰当的答案：

1. A. 小张哪儿不舒服
   B. 小张没有生病,在宿舍睡觉呢
   C. 小张生病了,所以在宿舍睡觉
   D. 说话人不知道小张为什么睡大觉

2. A. 小王前天摔断了腿
   B. 小王现在已经出院了
   C. 小王在医院里才住了两天
   D. 小王因为摔断了腿,现在还住在医院里

3. A. 高兴　　　B. 羡慕　　　C. 责怪　　　D. 无所谓

4. A. 说话人问老同学在哪儿聚会
   B. 说话人不想参加老同学的聚会
   C. 说话人和他的同学很长时间没见面了
   D. 说话人一定不参加这次老同学的聚会

5. A. 应该　　　　　　　　　　B. 一定
   C. 可能　　　　　　　　　　D. 表示钱的数量

6. A. 他问女的要送花给谁
   B. 他不知道这束花要送给谁
   C. 他的这束花要送给女朋友
   D. 他的这束花不是送给女朋友的

7. A. 大夫　　　B. 教师　　　C. 司机　　　D. 记者

8. A. 他没见过大熊猫　　　　　B. 他当然见过大熊猫
   C. 他问别人没见过什么　　　D. 他说自己什么也没见过

9. A. 女的觉得吃海鲜不好
   B. 男的前几天去青岛旅行了
   C. 男的觉得海鲜又便宜又好吃
   D. 男的因为吃海鲜吃坏了肚子

10. A. 护士　　　B. 教师　　　C. 主持人　　　D. 服务员

第五课　那跟没讲有什么区别

生词

1.	讲价	（动）	jiǎngjià	to bargain	값을 흥정하다
2.	差不多	（形）	chàbuduō	almost；as much as；similar	비슷하다.별차이가 없다
3.	所有	（形）	suǒyǒu	all	일체의.모든
4.	得意	（形）	déyì	glory in；proud	의기양양하다.마음에 들다
5.	经历	（名）	jīnglì	experience	경험.경험하다.겪다
6.	区别	（名）	qūbié	difference；distinguish	구별.구별하다
7.	奇怪	（形）	qíguài	strange	기괴하다.괴상하다
8.	目的	（名）	mùdì	purpose	목적
9.	过程	（名）	guòchéng	course	과정
10.	有趣	（形）	yǒuqù	it is interesting；amusing	재미 있다.흥미가 있다
11.	购物	（动）	gòuwù	shopping	쇼핑
12.	环境	（名）	huánjìng	environment	환경
13.	出现	（动）	chūxiàn	to appear	출현하다.드러나다.나타나다
14.	退换	（动）	tuìhuàn	to exchange a purchase；to replace	돌려주다.반환하다
15.	二手	（形）	èrshǒu	second handed	중고의
16.	除了……以外		chúle…yǐwài	besides；except	…을 제외하고, …외에
17.	通过	（动）	tōngguò	to get across；to pass	…을 통해서…을 거쳐
18.	吵架	（动）	chǎojià	to quarrel；affray	말다툼하다
19.	流行	（形）	liúxíng	to prevail；fashion	유행하다.널리 퍼지다
20.	感觉	（名）	gǎnjué	feeling	감각.느낌.느끼다.여기다

21.	实际	（名）	shíjì	reality; fact	실제.실제적인.실제로있는
22.	足够	（动）	zúgòu	adequacy; enough; be sufficient for	족하다.충분하다.만족하다
23.	同样	（形）	tóngyàng	same	같다.마찬가지다
24.	猫	（名）	māo	cat	고양이
25.	兔子	（名）	tùzi	rabbit	토끼
26.	动物	（名）	dòngwù	animal	동물
27.	条	（量）	tiáo	quantifier, a stripe of	긴 형태의 사물을 세는 양사
28.	蛇	（名）	shé	snake	뱀

专　名		PROPER NOUN	고유명사
1. 文化市场	Wénhuà shìchǎng	cultural products market	문화시장

第一部分　以下是根据第一段课文的问题

一、连续听两遍录音，边听边填空：

1. 因为那儿差不多_____的书都可以_____。
2. 谈谈你最_____的一次讲价经历。
3. 那跟没讲有什么_____？
4. 你这个人真_____。
5. 我讲价的_____是练习口语，而且整个讲价的_____也非常有趣。

二、再听一遍录音，判断正误：

1. 文化市场的书可以讲价。（　　）

2. 男的想买的小说要十块钱。（　　）
3. 女的觉得十块钱的东西不用讲价。（　　）
4. 男的最后花八块钱买了那本小说。（　　）
5. 男的讲价的目的是想便宜。（　　）

三、再听一遍录音，请回答下列问题：

1. 男的常常去哪儿？
2. 男的为什么喜欢去那儿？
3. 男的想买的是一本什么书？
4. 用自己的话叙述男的最得意的那次讲价经历。
5. 男的讲价的目的是什么？

四、写下你听到的句子：

1. _____。
2. _____。
3. _____。
4. _____。

第二部分　以下是根据第二段课文的问题

一、连续听两遍录音，边听边填空：

1. 虽然贵点儿，可是购物_____好，而且_____质量问题还可以退换。
2. 像手机，我就花一百块钱买了个_____的。
3. 除了去市场和商店_____，也可以通过上网和电视买东西。
4. _____是我妈妈，非常喜欢电视购物，她买了很多用不着的东西。
5. 为了这个我爸爸没少跟她_____。

二、再听一遍录音，判断正误：

1. 男的喜欢去市场买东西。（　　）
2. 女的喜欢环境好的商店。（　　）
3. 男的花一百块钱买了两个手机。（　　）

4. 在中国不能上网买东西。（　　）
5. 女的是韩国人。（　　）

三、再听一遍录音，请回答下列问题：

1. 男的为什么喜欢去市场买东西？
2. 在大商店买东西，如果出现质量问题怎么办？
3. 男的在中国住多长时间？
4. 除了去市场和商店以外，还可以通过什么买东西？
5. 女的爸爸为什么没少跟她的妈妈吵架？

四、写下你听到的句子：

1. _____。
2. _____。
3. _____。
4. _____。

第二部分　以下是根据第三段短文的问题

请回答下列问题：

1. "我"有一个什么样的朋友？
2. "我"的朋友在网上看到了什么？
3. "我"的朋友为什么没有买小狗？
4. "我"的朋友还看了什么？

第四部分　HSK 模拟试题

根据录音及其问题，在 A、B、C、D 四个答案中选择唯一恰当的答案：

1. A. 为了便宜　　　　　　　　B. 练习口语
   C. 喜欢听中国人说话　　　　D. 中国人很喜欢讲价

2. A. 上网 B. 去超市
   C. 去商店 D. 逛市场

3. A. 大商场 B. 小商店
   C. 超级市场 D. 学校商店

4. A. 同意 B. 羡慕
   C. 认为不值得 D. 认为有意思

5. A. 是旧的 B. 质量特别差
   C. 只用了半年 D. 在大商场里买的

6. A. 女的买的裙子太贵了 B. 女的买的裙子太漂亮了
   C. 女的买的裙子质量不好 D. 女的买的裙子快穿不着了

7. A. 今天下雨了 B. 小张受伤很严重
   C. 小张今天没来上班 D. 小张今天骑车的时候摔着了

8. A. 又便宜又好 B. 很贵,但是质量很好
   C. 买的二手电脑不能用 D. 很多旧的东西质量不好

9. A. 男的知道二弟的身高 B. 运动服是男的给三弟买的
   C. 男的给二弟买的运动服很合适 D. 给二弟买的衣服三弟穿比较合适

10. A. 火车上 B. 银行里
    C. 公交车上 D. 出租车上

第六课 请问您是要住宿吗

生词

1.	住宿	（动）	zhùsù	to stay; accommodation	묵다.숙박하다
2.	订	（动）	dìng	to reserve; to order	예약하다.주문하다
3.	会议室	（名）	huìyìshì	meeting room	회의실
4.	正好	（副）	zhènghǎo	just right; as it happens	마침.때마침.공교롭게도
5.	使用	（动）	shǐyòng	to use	사용하다
6.	大概	（副）	dàgài	assumably; probably	대략적인.대강의
7.	标准间	（名）	biāozhǔnjiān	standard room	스탠다드룸
8.	最好	（副）	zuìhǎo	had better	가장 좋은
9.	提供	（动）	tígōng	to offer; to provide	제공하다.도모하다
10.	名单	（名）	míngdān	list	명단
11.	注明	（动）	zhùmíng	to indicate	상세히 주를 달다
12.	性别	（名）	xìngbié	sex; gender	성별
13.	押金	（名）	yājīn	deposit	보증금.담보금
14.	留	（动）	liú	to keep; to reserve; to leave; to stay	보류하다,...을 남겨두다
15.	名片	（名）	míngpiàn	business card	명함
16.	跑	（动）	pǎo	to run	달리다.도망가다.분주히 뛰어다니다
17.	稍等	（动）	shāoděng	please wait a moment	잠깐기다리다
18.	安排	（动）	ānpái	to arrange	안배하다.배치하다.처리하다
19.	了	（动）	liǎo	used after the verb or adj. to indicate realization or completion	동사 뒤에 놓여, 得、不와연용하여 가능이나 불가능을 표시함
20.	收据	（名）	shōujù	receipt	영수증.인수증

21. 钥匙	（名）	yàoshi	key	열쇠
22. 收	（动）	shōu	to keep; to accept	받다.접수하다
23. 电梯	（名）	diàntī	elevator; lift	엘리베이터
24. 随便	（形）	suíbiàn	to be free and easy; random	마음대로 하다.좋을 대로 하다
25. 重	（形）	zhòng	heavy	무겁다.중요하다.무게
26. 住址	（名）	zhùzhǐ	address	주소
27. 繁华	（形）	fánhuá	flourishing	번화하다
28. 街道	（名）	jiēdào	street	큰길. 거리
29. 无聊	（形）	wúliáo	bored	무료하다.심심하다
30. 酒吧	（名）	jiǔbā	bar	술집.빠
31. 到底	（副）	dàodǐ	on earth; finally	도대체.마침내.결국.아무래도.역시

练习

第一部分 以下是根据第一段课文的问题

一、连续听两遍录音，边听边填空：

1. 您好，先生！请问您是要_____吗？
2. 我想来_____一下贵宾馆的会议室，另外_____一些房间。
3. 我先_____一下，噢，没问题，那天_____没有人使用会议室。
4. 您_____给我们提供一份名单，上面注明性别。
5. 这是我们宾馆的名片，有事_____联系。

二、再听一遍录音，判断正误：

1. 男的要来宾馆住宿。（   ）
2. 男的只预订房间，不预订会议室。（   ）
3. 男的要预订十多个标准间。（   ）

4. 男的忘了把名单带来了。（　　）
5. 男的把名片留给了服务员,为了能及时联系。（　　）

三、再听一遍录音,请回答下列问题:

1. 男的要住宿还是要预订房间?
2. 如果他要预订房间,他要预订多少房间?什么样的房间?
3. 宾馆服务员让男的提供给他们什么?
4. 预订房间的时候应该先做什么?

四、写下你听到的句子:

1. _____。
2. _____。
3. _____。

第二部分　以下是根据第二段课文的问题

一、连续听两遍录音,边听边填空:

1. 马先生,您好!您_____,我查一下儿。
2. _____真不好意思。_____我们是两个人,但那个人来不了了。
3. 没问题,您的意思是您的房间我们可以再_____别的客人?
4. 请在这儿_____一下字,这是_____,您收好。
5. 这是房间_____,电梯就在右边。

二、再听一遍录音,判断正误:

1. 男的前天打了电话预订过两个房间。（　　）
2. 服务员把男的安排在506房间。（　　）
3. 那个房间是双人间,两个床位。（　　）
4. 男的不同意服务员再安排别的客人住506房间。（　　）
5. 服务员告诉男的电梯在左边。（　　）

三、再听一遍录音,请回答下列问题:

1. 男的打电话预订了一个什么样的房间?

2. 男的为什么后来只要一个床位了?
3. 办住房手续的时候,需要交多少钱的押金?
4. 谈一谈在你们国家预订房间或办理住宿的手续有哪些。

四、写下你听到的句子:

1. _____。
2. _____。
3. _____。

第三部分　以下是根据第三段短文的问题

请回答下列问题:

1. 那个人一共去了几次上海?
2. 他找到宾馆以后去做什么了?
3. 他为什么给他的妻子打电话?
4. 打电话的时候,他问他的妻子什么问题?

第四部分　HSK 模拟试题

根据录音及其问题,在 A、B、C、D 四个答案中选择唯一恰当的答案:

1. A. 他的爸爸上周在上海　　　B. 他的爸爸上周在西安
   C. 他的爸爸这周在上海　　　D. 他的爸爸老呆在家里

2. A. 很安静　　　　　　　　　B. 房间比较脏
   C. 不在马路边上　　　　　　D. 房间比较干净

3. A. 路上堵车　　　　　　　　B. 起床晚了
   C. 忘了时间　　　　　　　　D. 家里有事儿

4. A. 八天　　　　　　　　　　　B. 四个小时
   C. 很长时间　　　　　　　　　 D. 十二个小时

5. A. 宿舍　　　B. 饭馆　　　C. 宾馆　　　D. 图书馆

6. A. 生气　　　B. 反对　　　C. 服从　　　D. 羡慕

7. A. 太累　　　　　　　　　　　B. 没空儿
   C. 不喜欢男的　　　　　　　　 D. 不喜欢看电影

8. A. 张明不能来了　　　　　　　 B. 张明已经来了
   C. 张明家里有事儿　　　　　　 D. 说话的两个人可能刚才在等张明

9. A. 女的还在门外边儿　　　　　 B. 女的妈妈已经回家了
   C. 男的在等他妈妈回来　　　　 D. 男的房间钥匙找不到了

10. A. 男的在忙公司的事情　　　　B. 女的很忙,没有时间休息
    C. 女的问男的她什么时候休息　D. 女的问男的她应该在哪儿休息

第七课　你怎么迟到了

生词

1.	迟到	（动）	chídào	to be late for	지각하다.늦게 도착하다
2.	别提了		biétíle	don't mention it	말하지 마라.제기하지마라
3.	公交车	（名）	gōngjiāochē	bus	버스
4.	堵车	（动）	dǔchē	traffic congestion	교통체증
5.	厉害	（形）	lìhai	terrible	대단하다.심하다.굉장하다
6.	怪不得		guàibude	no wonder	어쩐지.과연.그러기에
7.	地铁	（名）	dìtiě	subway	지하철
8.	倒	（动）	dǎo	to change train, bus, etc	차를 갈아타다
9.	不如	（动）	bùrú	not so good as	...만 못하다...하는 편이 낫다
10.	赶紧	（副）	gǎnjǐn	as soon as possible; at once	서둘러.급히.재빨리
11.	有道理		yǒu dàolǐ	reasonable	일리가 있다.근거가 있다
12.	修建	（动）	xiūjiàn	to construct; to build	건조하다.건설하다.시공하다
13.	交通	（名）	jiāotōng	traffic	교통
14.	拥挤	（形）	yōngjǐ	crowded	붐비다.혼잡하다
15.	开学	（动）	kāixué	the new term begins	개학하다
16.	闲	（形）	xián	idle; to have nothing to do	놀려두다.쓰지 않고 내버려 두다
17.	船	（名）	chuán	ship	배.선박
18.	好玩儿	（形）	hǎowánr	amusing	재미 있다.놀기가 좋다

19.	海	（名）	hǎi	sea	바다
20.	晕	（形）	yūn	dizzy; faint	머리가 어지럽다
21.	重要	（形）	zhòngyào	important	중요하다
22.	工具	（名）	gōngjù	tool	수단.도구
23.	线路	（名）	xiànlù	line; route; circuit	노선.선로
24.	中心	（名）	zhōngxīn	centre	중심.한 가운데
25.	东西	（名）	dōngxī	east and west	(물건).동쪽과 서쪽
26.	方向	（名）	fāngxiàng	direction	방향
27.	列车	（名）	lièchē	train	열차
28.	郊区	（名）	jiāoqū	suburb	도시의 교외지역

专 名		PROPER NOUN	고유명사
1.	北京 Běijīng	Beijing	베이징
2.	天安门 Tiān'anmén	Tian'anmen; the gate of Forbidden City	천안문
3.	青岛 Qīngdǎo	Qingdao	칭따오
4.	八通线 Bātōngxiàn	Bawangfen-Tongzhou route	팔통선
5.	王府井 Wángfǔjǐng	Wangfujing	왕푸징
6.	西直门 Xīzhímén	Xizhimen	서직문
7.	东直门 Dōngzhímén	Dongzhimen	동직문

第一部分 以下是根据第一段课文的问题

一、连续听两遍录音，边听边填空：

1. 李林，今天早上你怎么_____了？

2. _____！那你平时是怎么上下班的？
3. 每天这样_____车很麻烦吧,你还_____赶紧买辆车,自己开多方便！
4. 我看买车也不一定方便,每天上下班时间_____那么_____,还不如坐地铁快呢！
5. 是啊,这样一来交通就不会像现在这么_____了。

二、再听一遍录音,判断正误：

1. 今天李林上班迟到了。（　　）
2. 李林从他家到公司大概需要十分钟。（　　）
3. 女的觉得买车也不方便,所以她建议李林不要买车。（　　）
4. 在北京上下班时间堵车很厉害,不过坐地铁很方便。（　　）
5. 北京正在修建四条地铁线路。（　　）

三、再听一遍录音,请回答下列问题：

1. 李林今天为什么迟到了？
2. 李林平时是怎么上下班的？
3. 李林觉得买车怎么样？
4. 北京正在修建什么地铁？
5. 谈谈在你们国家人们是怎么上下班的。

四、写下你听到的句子：

1. _____。
2. _____。
3. _____。

第二部分　以下是根据第二段课文的问题

一、连续听两遍录音,边听边填空：

1. 是大佑啊,还没到_____的时间,你怎么这么早就回来了？
2. 我在家_____没事做,就提前回来了。
3. 我本来_____坐飞机,从韩国到中国也就两个小时,可是这次我是_____

来的。

4. 慢是慢，不过我觉得很_____。
5. 那你一定很累，快回去_____休息吧！

二、再听一遍录音，判断正误：

1. 现在已经到了开学的时间了，所以朴大佑回来了。（   ）
2. 朴大佑这次是坐飞机来的，用了两个小时。（   ）
3. 朴大佑坐船到中国很慢。（   ）
4. 朴大佑有点儿晕船。（   ）
5. 朴大佑的学校在青岛。（   ）

三、再听一遍录音，请回答下列问题：

1. 朴大佑为什么这么早就回来了？
2. 朴大佑是怎么回来的？
3. 他为什么不坐飞机回来？
4. 朴大佑到他的学校需要转车吗？
5. 谈谈你从你的国家是怎么来的？

四、写下你听到的句子：

1. _____。
2. _____。
3. _____。

第二部分　以下是根据第三段短文的问题

请回答下列问题：

1. 北京的地铁一共有几条线路？分别是几号线？
2. 如果你想去天安门、王府井，你应该乘坐哪条线？
3. 地上列车是哪条线？从哪儿到哪儿？
4. 从北京市中心到郊区的线路是哪条？
5. 北京正在修建什么地铁线路？

第四部分　HSK 模拟试题

根据录音及其问题,在 A、B、C、D 四个答案中选择唯一恰当的答案:

1. A. 坐地铁　　　B. 挤公交车　　　C. 坐出租车　　　D. 开自己的车

2. A. 在路上　　　B. 在单位　　　　C. 在地铁里　　　D. 在飞机上

3. A. 害怕　　　　B. 愉快　　　　　C. 生气　　　　　D. 担心

4. A. 超市里　　　B. 公交车上　　　C. 出租车上　　　D. 图书馆里

5. A. 很忙　　　　B. 最近变老了　　C. 老是不在家　　D. 一点儿也不忙

6. A. 路上堵车了　　　　　　　　　B. 男的下班晚了
   C. 男的不想早回家　　　　　　　D. 男的不想说回来晚的原因

7. A. 女的很长时间没见到小王了
   B. 女的现在还不知道小王出国了
   C. 女的以前不知道小王已经出国了
   D. 男的以前就知道小王已经出国了

8. A. 那些人在修建新的地铁
   B. 女的不知道那些人在忙什么
   C. 男的不知道新地铁是什么方向的
   D. 他们要修建的地铁可能是南北方向的

9. A. 他问女的为什么着急　　　　　B. 他也觉得时间很晚了
   C. 他觉得女的没必要着急　　　　D. 他也觉得自己应该开快一点儿

10. A. 诚实　　　　　　　　　　　　B. 幽默
    C. 喜欢说大话　　　　　　　　　D. 喜欢坐各种交通工具

第八课　我们想去桂林旅游

生词

1.	费用	（名）	fèiyong	expenses; charge	비용
2.	费	（名）	fèi	fee	비용.수수료.쓰다.소비하다.들이다
3.	包括	（动）	bāokuò	to include	포괄하다.포함하다
4.	景点	（名）	jǐngdiǎn	site; beauty spot	경치가 좋은 곳 .명소
5.	门票	（名）	ménpiào	ticket	입장권
6.	游览	（动）	yóulǎn	to tour; to visit	유람.유람하다
7.	日程表	（名）	rìchéngbiǎo	schedule	일정표
8.	信息	（名）	xìnxī	information	소식.기별.정보
9.	出发	（动）	chūfā	to leave; to set out	출발.출발하다
10.	报名	（动）	bàomíng	to sign up	신청하다.지원하다.이름을 올리다
11.	来得及		láidejí	there is still time; not late	늦지 않다
12.	合同	（名）	hétóng	contract	계약서
13.	深刻	（形）	shēnkè	profound; deep	깊다.인상이나 사랑이도 탑다
14.	印象	（名）	yìnxiàng	impression	인상
15.	辛苦	（形）	xīnkǔ	hardship	고생.고생스럽다
16.	导游	（名）	dǎoyóu	tourist guide	관광안내원.가이드
17.	担心	（形）	dānxīn	to be afraid of; to worry; anxious	염려하다.걱정하다
18.	当地	（名）	dāngdì	locality	그 지방.현지.현장
19.	负责	（动）	fùzé	to be responsible for	책임이 있다.책임을 지다
20.	活动	（名）	huódòng	activity	활동.활동하다

21. 不仅	（连）	bùjǐn	not merely; not only	...만은 아니다...할뿐만아니라...하다
22. 增长	（动）	zēngzhǎng	to gain in; to increase	늘어나다.증가하다
23. 出门	（动）	chūmén	to go out; go-off	집을 떠나다.외출하다
24. 无论	（连）	wúlùn	no matter; whether	...에 관계없이...에도 불구하고
25. 保管	（动）	bǎoguǎn	to take care of; to keep	보관하다
26. 物品	（名）	wùpǐn	articles	물품
27. 即使……也……		jíshǐ…yě…	even; even if/though	설령...하더라도.설사...할지라도

练习

第一部分　以下是根据第一段课文的问题

一、连续听两遍录音，边听边填空：

1. 我们想去桂林旅游，一个人的_____是多少？
2. 这个费用除了交通费，还_____哪些费用？
3. 都_____哪些景点？
4. 这是旅游_____，请看一下，所有的_____都在这张表里。
5. 我们打算这个周六_____，现在_____来得及吗？

二、再听一遍录音，判断正误：

1. 对话中的女的应该在旅行社工作。（　　）
2. 坐火车去旅游一个人需要2600块钱。（　　）
3. 这次旅行需要3天。（　　）
4. 关于这次旅游的信息都保存在电脑里，不在日程表上。（　　）
5. 如果想周六出发，现在报名已经来不及了。（　　）

三、再听一遍录音，请回答下列问题：

    1. 男的想去哪儿旅游？

    2. 坐飞机去的话，一个人要多少钱？

    3. 去桂林旅行的费用都包括那些内容？

    4. 男的打算什么时候出发？

    5. 最后男的和女的需要做什么？

四、写下你听到的句子：

    1. _____。

    2. _____。

    3. _____。

第二部分　　以下是根据第二段课文的问题

一、连续听两遍录音，边听边填空：

    1. 这次去桂林，哪些地方给你留下了_____的_____？

    2. 如果坐火车的话，时间比较长，也比较_____，不过是一次很好的_____。

    3. 可是你不要_____，一下火车，就有当地的_____负责接你。

    4. 听说旅游_____中，导游常常_____游客去各种各样的商店购物。

    5. 这是旅游_____的一部分，如果不感兴趣，什么也不要买就是了。

二、再听一遍录音，判断正误：

    1. 男的去了桂林旅游。（　　）

    2. 桂林是个有山有水的美丽地方。（　　）

    3. 男的是坐飞机去的。（　　）

    4. 男的有朋友在桂林接他。（　　）

    5. 介绍游客买东西是旅游活动的一部分。（　　）

三、再听一遍录音，请回答下列问题：

    1. 男的印象最深的是哪些地方？

2. 男的觉得这次旅游不太好的经历是什么？
3. 男的和他的朋友是自己去桂林的吗？
4. 在火车站接他们的是谁？
5. 导游介绍的东西一定要买吗？

四、写下你听到的句子：

1. _____。
2. _____。
3. _____。

第三部分　以下是根据第三段短文的问题

请回答下列问题：

1. 为什么有很多留学生打算在中国旅游？
2. 旅游最重要的是什么？
3. 旅游的时候怎样做才安全？
4. 出去玩儿的时候应该注意什么问题？为什么？

第四部分　HSK 模拟试题

根据录音及其问题，在 A、B、C、D 四个答案中选择唯一恰当的答案：

1. A. 住宿费是 500 元
   B. 交通费是 1000 元
   C. 3000 元里不包括餐费和门票
   D. 3000 元里包括餐费和门票的钱

2. A. 单子　　　B. 合同　　　C. 通知　　　D. 日程表

3. A. 旅行的时候不应该坐火车

B. 旅行的时候坐火车时间很长但不累

C. 旅行的时候坐火车虽然很累,但是时间不长

D. 旅行的时候坐火车虽然又累时间又长,但却是很好的经历

4. A. 增长知识   B. 提高汉语水平

   C. 了解中国文化   D. 能交很多中国朋友

5. A. 别提了   B. 美极了

   C. 又多又漂亮   D. 没有很多漂亮的地方

6. A. 男的自己一个人住   B. 鸡蛋是给朋友买的

   C. 咖啡男的要自己喝   D. 男的给自己买了鸡蛋和水果

7. A. 问女的为什么急   B. 想回来以后再洗澡

   C. 觉得现在走来不及了   D. 还有的是时间

8. A. 李姐   B. 小王   C. 王明   D. 小刘

9. A. 记者   B. 教师   C. 经理   D. 工人

10. A. 现在不晚   B. 要休息

    C. 要完成工作   D. 觉得不太累

第九课　你怎么租到的房子

生词

1.	租	（动）	zū	to rent; to hire	빌리다.임차하다.세.임차.세놓다
2.	网站	（名）	wǎngzhàn	website	웹사이트
3.	相信	（动）	xiāngxìn	to believe; to trust	믿다.신임하다
4.	大多数	（名）	dàduōshù	great majority; mass	대다수
5.	搜索	（动）	sōusuǒ	to search	찾다.수색하다.자세히 뒤지다
6.	订购	（动）	dìnggòu	to order	예약하여 구입하다.주문하다
7.	效果	（名）	xiàoguǒ	effect; result	효과
8.	日用品	（名）	rìyòngpǐn	commodity; daily necessities	일용품
9.	途径	（名）	tújìng	way	경로.절차.순서.수단
10.	越来越		yuèláiyuè	more and more	점점.더욱더
11.	生活	（名）	shēnghuó	life	생활.생활하다.
12.	连……也……		lián…yě…	even	…조차도…마저도…까지도
13.	冰箱	（名）	bīngxiāng	refrigerator	냉장고
14.	登	（动）	dēng	to publish	기재하다.게재하다
15.	广告	（名）	guǎnggào	advertisement	광고.선전
16.	大厅	（名）	dàtīng	hall; lobby	대청.홀
17.	墙	（名）	qiáng	wall	벽.담.울타리
18.	贴	（动）	tiē	to paste; to stick	붙이다.바짝 붙다
19.	纸	（名）	zhǐ	paper	종이
20.	题目	（名）	tímù	topic	제목.표제.테마

21. 主人	（名）	zhǔrén	host	주인.임자.소유자
22. 棒	（形）	bàng	excellent	훌륭하다.대단하다
23. 后悔	（动）	hòuhuǐ	to regret	후회.후회하다
24. 方式	（名）	fāngshì	method；way	방식.방법
25. 商量	（动）	shāngliang	to consult；to discuss	상의하다.의논하다
26. 于是	（连）	yúshì	then	그래서.이리하여
27. 房产	（名）	fángchǎn	house property；real estate	부동산.가옥의 부지
28. 杂志	（名）	zázhì	magazine	잡지
29. 一辈子	（名）	yībèizi	all one's life	한 평생.일생

 练习

第一部分 以下是根据第一段课文的问题

一、连续听两遍录音，边听边填空：

1. 大佑,这套房子真不错,又_____又漂亮,_____也不贵,你是怎么_____的?
2. 这可真_____。不过网上的_____能相信吗?
3. 对了,我知道还有_____卖东西的网站呢!
4. 我们留学生在中国_____的时间不长,还可以通过网上的_____买到便宜的日用品呢!
5. 就_____找女朋友_____可以上网找呢,对吗?

二、再听一遍录音，判断正误：

1. 朴大佑租的房子又干净又漂亮,就是价格有点儿贵。(　　)
2. 朴大佑觉得找房子很不容易。(　　)
3. 女的知道网上还有专门卖东西的网站。(　　)

4. 女的的朋友在网上订购了一个MP3，她觉得不错,可是价格有点儿贵。
（　　）
5. 现在人们得到信息的途径比以前多了,生活也方便了。(　　)

三、再听一遍录音,请回答下列问题：

1. 朴大佑是怎么租到的房子？
2. 朴大佑觉得网上的信息能相信吗？如果查东西怎么办？
3. 朴大佑的朋友在网上订购了什么？怎么样？
4. 网上的二手市场对留学生来说,有什么好处？
5. 谈谈你对上网有什么看法(好处和坏处)。

四、写下你听到的句子：

1. _____。
2. _____。
3. _____。

第二部分　以下是根据第二段课文的问题

一、连续听两遍录音,边听边填空：

1. 我想把我那_____冰箱卖了,你说在哪儿登_____好呢？
2. 你_____一张纸来,我现在就_____你写吧。
3. 现在我要回国了,想给我的冰箱找个新_____。
4. 别_____写上我的_____方式。
5. 对了,还有价格没写呢！我们就写上"价格可以_____"吧。

二、再听一遍录音,判断正误：

1. 张明觉得要卖东西登广告不简单。（　　）
2. 他们要在教学楼一楼大厅的墙上贴广告。（　　）
3. 女的的冰箱是白色的。（　　）
4. 女的冰箱只用了一年半。（　　）
5. 他们在广告上忘了写联系方式。（　　）

三、再听一遍录音,请回答下列问题:

1. 女的为什么要卖她的冰箱?
2. 张明建议女的在哪儿贴广告?
3. 他们写的广告上的题目是什么?
4. 那个广告上都写了什么?请你用自己的话叙述一遍。
5. 你在中国有没有去过二手市场?你在二手市场买过东西吗?

四、写下你听到的句子:

1. _____。
2. _____。
3. _____。

第三部分 以下是根据第三段短文的问题

请回答下列问题:

1. 老张为什么想卖他的那套老房子?
2. 他找了谁来帮忙卖房子?
3. 他们在哪儿登了广告?
4. 老张后来为什么又不想卖那套房子了?

第四部分 HSK 模拟试题

根据录音及其问题,在 A、B、C、D 四个答案中选择唯一恰当的答案:

1. A. 他不太喜欢用电脑   B. 漂亮女孩儿喜欢他
   C. 他特别爱上网聊天儿   D. 他不好意思跟女孩儿聊天儿

2. A. 小张不想买房子   B. 小张没有钱买房子
   C. 小张想和他同事一起住   D. 小张工作很忙,没有时间看房子

3. A. 现在大城市的房子很贵
   B. 大城市的楼房越来越来高了
   C. 在大城市,很多年轻人买房子住
   D. 在大城市,很多年轻人买得起房子

4. A. 说话人前天去了一次二手市场
   B. 说话人没有在二手市场买东西
   C. 说话人在二手市场买了一个小冰箱
   D. 说话人在二手市场买了一个新冰箱

5. A. 王丽住在家里　　　　　　　B. 王丽住在学校里
   C. 王丽周末也不回家　　　　　D. 王丽家离学校很近

6. A. 女的问男的什么事情很奇怪
   B. 女的觉得张明不应该上网找女朋友
   C. 女的觉得年轻人不应该上网找朋友
   D. 女的觉得上网找女朋友一点儿也不奇怪

7. A. 她让男的查词典　　　　　　B. 她说查词典也不知道
   C. 她觉得这个生词不容易　　　D. 她不想告诉男的这个生词的意思

8. A. 男的不知道应该怎么说
   B. 很漂亮,听音乐的效果也很好
   C. 很漂亮,不过听音乐的效果不好
   D. 不漂亮,可是听音乐的效果很好

9. A. 男的知道怎么上网听歌　　　B. 女的觉得上网听歌很容易
   C. 女的觉得上网听歌不简单　　D. 女的说网上不能搜到好听的歌

10. A. 女的不是要回国　　　　　　B. 女的最近在忙回国的事情
    C. 女的最近不知道在忙什么　　D. 女的已经把她的东西寄回国了

第十课　这次考试考得怎么样

生词

1.	精读	（名）	jīngdú	intensive reading	정독.정독하다
2.	口语	（名）	kǒuyǔ	spoken language	구어
3.	差	（形）	chà	not as good as	부족하다.좋지 않다. 나쁘다
4.	加	（动）	jiā	moreover	더하다.보태다.가하다
5.	紧张	（形）	jǐnzhāng	tense	긴장.긴장하다
6.	强	（形）	qiáng	better; strong	우월하다.좋다.세다.강하다
7.	马马虎虎		mǎmǎhūhū	so-so	썩 좋지는 않다. 그저 그렇다
8.	头疼	（形）	tóuténg	headache	머리(골치)가 아프다.두통
9.	通知	（名）	tōngzhī	notice	통지.통지하다
10.	学院	（名）	xuéyuàn	college; institute	단과 대학
11.	语音	（名）	yǔyīn	pronunciation	말소리.구어음
12.	消息	（名）	xiāoxī	news	소식.정보.뉴스.기별
13.	中文歌	（名）	zhōngwéngē	chinese song	중문노래
14.	歌唱	（动）	gēchàng	sing	노래하다
15.	比赛	（名）	bǐsài	competition	시합.시합하다
16.	处	（名）	chù	place; office	곳.장소
17.	没的说		méideshuō	no problem; very good	흠잡을 데가 없다
18.	节目	（名）	jiémù	program	프로그램.항목.목록
19.	佳	（形）	jiā	good	좋다.훌륭하다
20.	演员	（名）	yǎnyuán	performer	배우.출연자.연기자
21.	好运		hǎoyùn	fortune; good luck	행운

22. 取得	（动）	qǔdé	to obtain	취득하다.얻다.획득하다
23. 玩具	（名）	wánjù	toy	장난감.완구
24. 吵	（形）	chǎo	noisy	떼를 쓰다.시끄럽다.떠들어대다.
25. 十字路口		shízì lùkǒu	crossroad	십자로.네거리
26. 兴奋	（形）	xìngfèn	excitement	흥분.흥분하다
27. 抓	（动）	zhuā	to catch	잡다.붙들다
28. 喊	（动）	hǎn	to shout	외치다.큰 소리로 부르다
29. 道	（动）	dào	say(the words quote)	말하다
30. 双层巴士		Shuāngcéng bāshì	double-decker bus	이층버스

专　　名	PROPER NOUN	고유명사
1. 杰　克　Jiékè	Jack	잭(인명)

第一部分　以下是根据第一段课文的问题

一、连续听两遍录音，边听边填空：

1. 我的口语比你_____，才_____了七十来分。
2. 你平时汉语说得挺_____的呀！
3. 没关系，这_____个小考试。再说你的精读一定比我_____多了。
4. 我是日本人，读和写对我来说比较_____，但是听和说真是让我_____。
5. 这_____是个好消息！去哪儿_____？

二、再听一遍录音，判断正误：

1. 这次考试朴大佑精读得了九十二分，口语得了八十分。（　　）

2. 麻美的口语考得比朴大佑的差多了。(　　)
3. 麻美的精读比口语好。(　　)
4. 他们学院下个星期要开音乐课。(　　)
5. 麻美马上要去报名参加下个星期新开的那门课。(　　)

三、再听一遍录音,请回答下列问题:

1. 这次考试朴大佑考得怎么样?
2. 麻美的口语为什么考得不好?
3. 对于麻美来说,听、说、读、写哪些难?哪些容易?
4. 他们学院有什么通知?
5. 谈一谈在学习汉语的时候,你遇到了哪些困难?

四、写下你听到的句子:

1. _____。
2. _____。
3. _____。

第二部分　以下是根据第二段课文的问题

一、连续听两遍录音,边听边填空:

1. 你好,请问这里是中文歌歌唱_____的报名处吗?
2. 噢,我想起来了,你叫李知恩,参加过上个月学校_____的汉语晚会的表演。
3. 那你的汉语一定_____!
4. 你的名字真好记!祝你_____!
5. 我来参加比赛_____是为了锻炼说汉语的勇气!也祝你_____好成绩!

二、再听一遍录音,判断正误:

1. 李知恩是来参加中文歌歌唱比赛的。(　　)
2. 男的没有见过李知恩,所以他不认识李知恩。(　　)
3. 李知恩上个月参加了学校举办的汉语晚会的表演。(　　)

4. 男的觉得李知恩的汉语说得不好。（　　）

5. 李知恩以前也认识那个男的。（　　）

三、再听一遍录音,请回答下列问题：

1. 李知恩和男的正在做什么？
2. 男的为什么认识李知恩？
3. 李知恩的汉语怎么样？她在汉语晚会表演的时候怎么样？
4. 男的为什么要参加这个中文歌歌唱比赛？
5. 谈一谈你学习汉语都有哪些方法？在中国你也参加过汉语比赛吗？

四、写下你听到的句子：

1. _____。
2. _____。
3. _____。

第二部分　以下是根据第三段短文的问题

请回答下列问题：

1. 杰克特别喜欢什么？
2. 在那家商场里杰克看见了什么？他想买吗？
3. 他的爸爸给他买吗？
4. 在十字路口的时候,杰克看见了什么？
5. 杰克为什么要买他在十字路口看见的那个东西？

第四部分　HSK 模拟试题

根据录音及其问题,在 A、B、C、D 四个答案中选择唯一恰当的答案：

1. A. 他不明白这个生词　　　　　B. 他可能明白这个生词
   C. 他怎么才能明白这个生词　　D. 他在哪儿学习了这个生词

2. A. 朴大佑考得还不错 　　　　　　B. 朴大佑考得不太好
   C. 朴大佑的精读考了七十多分 　　D. 朴大佑的口语考了八十多分

3. A. 韩国人的读和写有问题 　　　　B. 韩国人的听和说有问题
   C. 韩国人听说读写都没有问题 　　D. 韩国人常常说汉语的时候头疼

4. A. 他们学院下周要开语音课 　　　B. 他们学院已经开了语音课
   C. 他们学院留学生的发音都很好 　D. 他们学院很少的留学生发音不好

5. A. 小王唱歌唱得不好 　　　　　　B. 小王要参加歌唱比赛
   C. 小王觉得自己一定能赢 　　　　D. 说话人觉得小王不一定能赢

6. A. 她的男朋友是中国人
   B. 她的男朋友不会说汉语
   C. 她的男朋友汉语说得很好
   D. 她的男朋友不知道怎么和王丽交流

7. A. 那个晚会还没有开始 　　　　　B. 女的在晚会上不表演节目
   C. 女的告诉男的她要表演什么 　　D. 男的已经知道了女的要表演什么

8. A. 女的觉得男的汉语也很好 　　　B. 女的问男的海伦哪儿比他强
   C. 女的觉得男的比海伦强多了 　　D. 女的觉得海伦比男的强一点儿

9. A. 女的也觉得很高兴 　　　　　　B. 女的问男的为什么高兴
   C. 女的觉得没什么可高兴的 　　　D. 女的喜欢考试,所以也很高兴

10. A. 女的不想起床,所以来晚了
    B. 女的晚上没睡觉,早上睡着了
    C. 女的没告诉男的为什么她来晚了
    D. 女的睡了整整一个晚上,早上也起不来

第十一课　多功能的电子词典

生词

1.	电子	（名）	diànzǐ	electron	전자
2.	发音	（动、名）	fāyīn	to pronounce；pronunciation	발음.발음하다
3.	查	（动）	chá	to check	검사하다.찾아보다
4.	直接	（形）	zhíjiē	direct	직접.직접적인
5.	键盘	（名）	jiànpán	keyboard	키보드.건반
6.	随时	（副）	suíshí	at any time	수시로.언제나.아무 때나
7.	下载	（动）	xiàzài	to download	파일등을 다운로드하다
8.	功能	（名）	gōngnéng	function	기능.작용.효능
9.	普通	（形）	pǔtōng	ordinary	보통이다.일반적이다
10.	光	（副）	guāng	only	다만.오직…만
11.	计算器	（名）	jìsuànqì	calculator	계산기
12.	游戏机	（名）	yóuxìjī	game machine	오락기
13.	刚	（副）	gāng	just	지금.막.바로
14.	全	（副）	quán	the whole	완전하다.완비하다
15.	拍照	（动）	pāizhào	to take a picture	사진을 찍다
16.	广播	（名）	guǎngbō	broadcast	방송.방송하다
17.	录音	（动）	lùyīn	record	녹음.녹음하다
18.	摄像	（动）	shèxiàng	video recording	촬영하다.사진을 찍다
19.	屏幕	（名）	píngmù	screen	영사막.스크린
20.	人家	（代）	rénjia	household	그. 그 사람.다른 사람
21.	考察	（动）	kǎochá	to investigate	고찰하다.관찰하다
22.	闹铃	（名）	nàolíng	alarm bell	핸드폰의 컬러링.모닝콜
23.	懒	（形）	lǎn	lazy	게으르다.나태하다
24.	猪	（名）	zhū	pig	돼지

25. 技术	（名）	jìshù	technology	기술
26. 发展	（动）	fāzhǎn	to develop	발전.발전하다
27. 不管	（连）	bùguǎn	no matter where/what/when...; to leave alone	...에 관계없이...을 막론하고
28. 效率	（名）	xiàolǜ	efficiency	효율.능률

 练习

第一部分 以下是根据第一段课文的问题

一、连续听两遍录音，边听边填空：

1. 前几天我新买了一个 _____ 词典，所以你不用 _____ 还。
2. 这个词典还可以 _____ 呢，用起来 _____ 极了。
3. 查词的时候 _____ 在键盘上输入就行了，不像查词典那么 _____ 。
4. 我的电子词典还能 _____ 下载资料，它的 _____ 要比普通的词典多。
5. _____ 学习汉语，它 _____ 计算器、游戏机等等很多功能呢。

二、再听一遍录音，判断正误：

1. 男的向女的借电子词典。（   ）
2. 女的前几天新买了一本英汉词典。（   ）
3. 词典放在桌子上。（   ）
4. 男的觉得查电子词典比查一般的词典方便。（   ）
5. 女的觉得电子词典很贵。（   ）

三、再听一遍录音，请回答下列问题：

1. 男的为什么不用急着把词典还给女的？
2. 用电子词典怎么查词？
3. 男的觉得女的买的电子词典怎么样？
4. 女的买的电子词典都有哪些功能？
5. 女的买的那个电子词典多少钱？

四、写下你听到的句子：

1. _____。
2. _____。
3. _____。

第二部分　以下是根据第二段课文的问题

一、连续听两遍录音，边听边填空：

1. 这是我上个星期_____买的。
2. 现在手机的功能越来越_____了，拍照、_____什么的都行。
3. 我的手机除了这些功能以外，还能听_____、_____和摄像呢。
4. 不过我现在还在被_____考察呢！
5. 你再听听我的_____，可有意思了。

二、再听一遍录音，判断正误：

1. 男的现在的手机是上个月新买的。（　　）
2. 男的手机不能拍照和上网。（　　）
3. 男的可以用手机听广播、录音和摄像。（　　）
4. 手机上面有一张女孩子的照片。（　　）
5. 男的手机里的闹铃很有意思。（　　）

三、再听一遍录音，请回答下列问题：

1. 男的什么时候买了新手机？
2. 男的手机都有什么功能？
3. 手机屏幕上的女孩儿是谁？
4. 男的手机里的闹铃是谁的声音？
5. 女的觉得那个闹铃怎么样？

四、写下你听到的句子：

1. _____。

2. _____。
3. _____。

第二部分　以下是根据第三段短文的问题

请回答下列问题：

1. 什么给我们的生活带来了很多方便？
2. 有了电子词典以后，对我们来说有什么好处？
3. 有了手机以后，有什么好处？
4. 现在我们生活在一个什么样的时代？
5. 科学技术的发展可以提高我们哪些方面的效率？

第四部分　HSK 模拟试题

根据录音及其问题，在 A、B、C、D 四个答案中选择唯一恰当的答案：

1. A. 这种词典很便宜　　　　　B. 那种词典一定很贵
   C. 这种词典的功能多　　　　D. 那种词典的功能多

2. A. 不能摄像　　　　　　　　B. 有五种功能
   C. 只能拍照和上网　　　　　D. 只能听广播和录音

3. A. 几百块钱的东西很贵　　　B. 几百块钱的东西不贵
   C. 几百块钱能买很多东西　　D. 几百块钱的东西应该觉得贵

4. A. 他的钱丢了，所以没去商场
   B. 他不想买东西，所以没去商场
   C. 他去商场了，可是钱丢了，所以没买东西
   D. 他去商场了，可是没带钱，所以没买东西

5. A. 我遇到了很大的困难 　　　　　　 B. 他的鼓励对我很重要
   C. 他的鼓励让我害怕困难 　　　　　 D. 他的鼓励让我不能取得成功

6. A. 书桌上 　　　　　　　　　　　　 B. 书橱里
   C. 书包里 　　　　　　　　　　　　 D. 书店里

7. A. 男的是学生 　　　　　　　　　　 B. 女的觉得吃早餐不好
   C. 男的家离学校非常远 　　　　　　 D. 男的没有时间吃早餐

8. A. 他不是学生 　　　　　　　　　　 B. 他非常高兴
   C. 他考得不太好 　　　　　　　　　 D. 只有他一个人考了90分

9. A. 女的觉得男的很懒
   B. 女的觉得男的很不好意思
   C. 男的工作很忙,所以睡得很晚
   D. 男的工作很累,所以快中午了还在睡觉

10. A. 老王 　　　　　　　　　　　　　 B. 老张
    C. 小刘 　　　　　　　　　　　　　 D. 老王、老张和小刘

第十二课　用汉语写信真难啊

生词

1.	试	（动）	shì	to try	시험해보다.시험삼아 해보다
2.	了不起	（形）	liǎobuqǐ	amazing；marvellous	보통이 아니다.뛰어나다
3.	格式	（名）	géshì	style；form	격식.양식
4.	发信人	（名）	fāxìnrén	addresser；sender	발신인
5.	信纸	（名）	xìnzhǐ	letter paper	편지지
6.	角	（名）	jiǎo	angle	모서리.구석.모퉁이
7.	信封	（名）	xìnfēng	envelope	편지 봉투
8.	开头	（名）	kāitóu	beginning	시초.처음.첫머리
9.	空	（动）	kòng	to leave empty	비우다.텅비다.내용이없다
10.	格	（名）	gé	lattice；grid	네모칸.격자
11.	结尾	（名）	jiéwěi	ending	결말.결미
12.	要求	（动）	yāoqiú	to require	요구.요구하다
13.	表示	（动）	biǎoshì	to express	표시하다.명시하다
14.	礼貌	（名）	lǐmào	courtesy	예의.예절
15.	祝福	（动）	zhùfú	to bless	축복하다
16.	匆忙	（形）	cōngmáng	hasty	총망하다.매우 바쁘다
17.	抱	（动）	bào	to embrace	안다.포옹하다
18.	留学	（动）	liúxué	to study abroad	유학.유학하다
19.	海运	（动）	hǎiyùn	sea transport	해운
20.	要命	（形）	yàomìng	serious	심하다
21.	空运	（动）	kōngyùn	air transport	공중수송
22.	感情	（名）	gǎnqíng	emotion	감정
23.	顺便	（副）	shùnbiàn	by the way	...하는 김에

24. 爱情	（名）	àiqíng	affection；love	애정
25. 安慰	（动）	ānwèi	to comfort	위로하다
26. 教训	（名）	jiàoxun	lesson	교훈
27. 快捷	（形）	kuàijié	swift	재빠르다.민첩하다

专 名　　PROPER NOUN　　고유명사

1. 日本　Rìběn　　Japan　　일본

第一部分　以下是根据第一段课文的问题

一、连续听两遍录音，边听边填空：

1. 用汉语_____ 对我来说真_____ 啊！
2. 不错嘛！_____ 着用汉语写信就已经很_____ 了。
3. 还有就是在每一段的_____ 都应该_____ 两格。
4. 那信的_____ 还有什么_____ 吗？
5. 为了表示_____ ，结尾写几句_____ 的话就行。

二、再听一遍录音，判断正误：

1. 女的正在给家人写信。（　　）
2. 女的写的是一封中文信。（　　）
3. 男的也不知道怎么写中文信。（　　）
4. 英文信和中文信都要在信纸上写发信人的地址。（　　）
5. 中文信的结尾一般都有祝福的话。（　　）

三、再听一遍录音，请回答下列问题：

1. 女的写的是一封什么信？
2. 英文信的格式是什么样的？

3. 写中文信的时候,地址写在哪儿?

4. 写中文信的时候,在每一段的开头应该怎样做?

5. 中文信的最后要写些什么?

四、写下你听到的句子:

1. _____。
2. _____。
3. _____。
4. _____。

第二部分 以下是根据第二段课文的问题

一、连续听两遍录音,边听边填空:

1. 看你_____ 的,还_____ 着这么多东西,这是去哪儿啊?
2. 我男朋友在日本_____ ,我给他_____ 些东西过去。
3. 如果_____ 的话就用不了多少钱,但是慢得_____ 。
4. 我正好也想往国外寄东西呢,_____ 问一下_____ 多长时间能到啊?
5. 不_____ 你了,快去寄你的"_____"包裹吧。

二、再听一遍录音,判断正误:

1. 男的是女的的男朋友。(   )
2. 女的要去买东西。(   )
3. 海运比空运便宜,但是很慢。(   )
4. 男的也正想往国外寄东西。(   )
5. 女的只知道空运东西到日本需要的时间。(   )

三、再听一遍录音,请回答下列问题:

1. 女的要去干什么?
2. 往国外寄东西花钱多吗?
3. 女的为什么一般都选择空运?
4. 男的觉得女的和她男朋友的感情怎么样?

5. 选择空运到日本大概要多长时间？

四、写下你听到的句子：

1. _____。
2. _____。
3. _____。
4. _____。

第三部分　以下是根据第三段短文的问题

请回答下列问题：

1. 去年"我"过生日的时候，男朋友在哪儿？
2. "我"的男朋友为什么给"我"打电话？
3. "我"是什么时候收到礼物的？
4. "我"觉得海运怎么样？
5. 什么邮寄方式更方便？

第四部分　HSK 模拟试题

根据录音及其问题，在 A、B、C、D 四个答案中选择唯一恰当的答案：

1. A. 说话人在写信　　　　　　　B. 说话人在朋友家
   C. 信不是写给中国人的　　　　D. 说话人和收信人认识很久了

2. A. 只有写信的时间　　　　　　B. 只有发信人的地址
   C. 有寄信的时间和发信人的地址　D. 有写信的时间和发信人的地址

3. A. 海运要用很多钱，也很慢
   B. 海运不用很多钱，而且很快
   C. 海运虽然省钱，可是很浪费时间

D. 海运不知道要花多少钱,而且慢极了

4. A. 因为空运便宜
   B. 因为她喜欢空运
   C. 因为空运又便宜又快
   D. 因为她不想让男朋友等得太着急

5. A. 先去银行取钱,再去市场买菜
   B. 先去市场买菜,再去银行取钱
   C. 不用去银行取钱,只去买菜就行
   D. 不用去取钱和买菜,只回家就行

6. A. 高兴   B. 关心   C. 生气   D. 难过

7. A. 女的很难过   B. 男的不想安慰女的
   C. 男的觉得女的什么都做不好   D. 男的觉得女的不努力就能成功

8. A. 女的应该送朋友贵的东西
   B. 女的应该问问朋友想要什么
   C. 自己喜欢什么就送朋友什么
   D. 朋友的喜好不一样,送的礼物就应该不一样

9. A. 男的外套早就买了   B. 男的真的非常有钱
   C. 百盛可能是一家商场的名字   D. 女的以前也在百盛买过东西

10. A. 新华书店离学校很近   B. 学校离新华书店很远
    C. 学校在新华书店的东边   D. 新华书店在学校的西边

第十三课　今天晚上有迎新晚会

生词

1.	迎新	（动）	yíngxīn	welcome the new studeuts; see the Nen Year in	신입자를 환영하다
2.	喜事	（名）	xǐshì	happy event	기쁜일.경사.길사
3.	国庆	（名）	guóqìng	National Day	국가적 경사
4.	元旦	（名）	yuándàn	New Year's Day	원단.양력설날
5.	精彩	（形）	jīngcǎi	excellent	뛰어나다.근사하다
6.	杂技	（名）	zájì	acrobatics	잡기.여러가지 기예
7.	魔术	（名）	móshù	magic	마술
8.	传统	（名）	chuántǒng	tradition	전통
9.	相声	（名）	xiàngsheng	cross-talk; comic dialogue	재담.중국식만담
10.	够	（副）	gòu	enough	충분하다.족하다
11.	丰富	（形）	fēngfù	abundant	풍부하다.넉넉하다
12.	猜谜	（动）	cāimí	guessing game	수수께끼를 풀다
13.	奖品	（名）	jiǎngpǐn	award; prize	상품.장려품
14.	布告栏	（名）	bùgàolán	notice board	게시란
15.	单	（名）	dān	list	물목이나 사실을 기록한 종이
16.	独唱	（名）	dúchàng	solo	독창
17.	合唱	（名）	héchàng	chorus	합창
18.	游戏	（名）	yóuxì	game	유희.레크레이션
19.	动作	（名）	dòngzuò	action; movement	동작.행동
20.	表演	（动）	biǎoyǎn	performance	연출하다.연기하다
21.	排练	（动）	páiliàn	rehearsal	리허설을 하다.무대연습을 하다

22.	话剧	（名）	huàjù	drama;opera	연극
23.	演	（动）	yǎn	to perform	공연하다....의 역으로분장하다
24.	演出	（名）	yǎnchū	performance	공연하다.상연하다
25.	成功	（动）	chénggōng	to succeed	성공하다

专 名		PROPER NOUN	고유명사
1.	京剧	Jīngjù Beijing Opera	경극

练习

第一部分 以下是根据第一段课文的问题

一、连续听两遍录音,边听边填空:

1. 罗伯特,今天晚上有_____ 晚会,你来_____ 吧。
2. 我们的晚会有很多种,一般在_____ 的时候或者有_____ 的时候才举办晚会。
3. 当然,今晚的节目都很_____ 。
4. 那节目真是够_____ 的。
5. 对了,晚会开始以前还有猜谜活动,猜中了还有_____ 呢!

二、再听一遍录音,判断正误:

1. 今晚有欢迎新同学的晚会。（   ）
2. 男的没有参加过这样的晚会。（   ）
3. 中国人很习惯热闹,所以有很多种晚会。（   ）
4. 今晚的节目里有京剧。（   ）
5. 晚会开始以前每个人都有奖品。（   ）

三、再听一遍录音,请回答下列问题:

1. 什么是迎新晚会?

2. 中国人一般什么时候会举办晚会？
3. 中国的晚会有哪些？请举例说明。
4. 今晚的晚会都有什么节目？
5. 晚会以前有什么活动？

四、写下你听到的句子：

1. _____。
2. _____。
3. _____。

第二部分　以下是根据第二段课文的问题

一、连续听两遍录音，边听边填空：

1. 这不，节目_____ 都_____ 到手了。
2. 一个同学看了一个词以后，用_____ 把意思_____ 出来，让观众猜是什么词。
3. 对！我们班_____ 了一个小话剧，我在里面_____ 爸爸。
4. _____ 这个小节目，我感觉我的汉语水平_____ 了不少呢！
5. _____ 你今晚演出_____ ！

二、再听一遍录音，判断正误：

1. 男的刚刚知道今晚有晚会。（　　）
2. 今晚的节目中有游戏。（　　）
3. 男的也参加今晚的演出。（　　）
4. 男的在话剧里演儿子。（　　）
5. 女的希望男的今晚演出成功。（　　）

三、再听一遍录音，请回答下列问题：

1. 女的怎么知道今晚有晚会？
2. 今晚的节目中合唱的歌叫什么名字？
3. 什么是猜词游戏？

4. 女的为什么觉得猜词游戏好？
5. 男的要演什么节目？他在节目中演谁？

四、写下你听到的句子：

1. _____。
2. _____。
3. _____。

第三部分　以下是根据第三段短文的问题

请回答下列问题：

1. 大学的业余生活怎么样？
2. 新生入校的时候都有什么活动？
3. 大学里都有什么集体活动？
4. "我"最喜欢的活动是什么？
5. "我"为什么最喜欢这个活动？

第四部分　HSK 模拟试题

根据录音及其问题，在 A、B、C、D 四个答案中选择唯一恰当的答案：

1. A. 歌曲很少
   B. 舞蹈也很少
   C. 没有杂技和魔术
   D. 除了歌曲和舞蹈，还有杂技和魔术

2. A. 晚会的节目不太多　　　　　　　B. 相声是一种新的节目
   C. 京剧是中国的传统节目　　　　　D. 大家最喜欢的节目只有相声

3. A. 说话人早上说小王回国了

B. 小王刚刚回国不长时间

C. 小王离开说话人那里不久

D. 说话人很久以前就说过小王回国了

4. A. 说话人参加了演出　　　　　　B. 说话人的汉语没进步
   C. 小话剧不是用汉语表演的　　　　D. 小话剧里有说话人的爸爸

5. A. 妈妈正在看电视　　　　　　　　B. 妈妈正在洗衣服
   C. 说话人正在洗衣服　　　　　　　D. 说话人在和妈妈说话

6. A. 不让女的请假　　　　　　　　　B. 让大佑自己去医院
   C. 和他们一起去医院　　　　　　　D. 让女的快陪大佑去医院

7. A. 银行旁边　　　　　　　　　　　B. 商店前边
   C. 饭馆西边　　　　　　　　　　　D. 学校附近

8. A. 他有很多事，所以很高兴
   B. 他要出国了，所以很高兴
   C. 他要和女的一起留学，所以很高兴
   D. 他在玩猜词游戏，女的猜中了，所以他很高兴

9. A. 新来的学生语法学得很好　　　　B. 新来的学生汉字写得不错
   C. 对话中的男的是一位老师　　　　D. 对话中的女的是新来的学生

10. A. 他头疼了一整天
    B. 他可能早上喝了不好的牛奶
    C. 他不舒服，所以躺在床上休息，没有上班
    D. 他午饭吃了不干净的东西，所以身体不舒服

第十四课 你不是喜欢散步吗

生词

1.	羡慕	（动）	xiànmù	to envy	부러워하다.선망하다
2.	网球	（名）	wǎngqiú	tennis	테니스.테니스공
3.	散步	（动）	sànbù	to take a walk；to walk	산보하다
4.	健康	（形）	jiànkāng	health	건강.건강하다
5.	好处	（名）	hǎochu	advantage	장점.좋은 점.이익.이로운 점
6.	另外	（连）	lìngwài	in addition	별도의.다른. 그 밖의
7.	项	（量）	xiàng	item	가지.항.조항.단위
8.	主意	（名）	zhǔyi	idea	주의하다.조심하다
9.	既……又……	（连）	jì…yòu…	not only...but also	...할 뿐만아니라 또...하다
10.	欣赏	（动）	xīnshǎng	to enjoy；to appreciate	감상하다.좋다고 여기다
11.	培养	（动）	péiyǎng	to cultivate	배양하다.양성하다
12.	热闹	（形）	rènao	lively	왁자지껄하다.흥청거리다
13.	登山	（动）	dēngshān	mountaineering	등산.등산하다
14.	公斤	（量）	gōngjīn	kilogram	킬로그램
15.	开玩笑		kāi wánxiào	to joke；to make fun of	농담을 하다
16.	非……不可		fēi…bùkě	have no choice but；have to do	...하지 않으면 안된다
17.	其实	（副）	qíshí	actually；in fact	사실은.실제는
18.	牌子	（名）	páizi	brand	상표.팻말
19.	实话	（名）	shíhuà	truth	진실한 말.정말
20.	叔叔	（名）	shūshū	uncle	아저씨.숙부
21.	播	（动）	bō	to broadcast	방송하다

第十四课
你不是喜欢散步吗

22. 足球	（名）	zúqiú	soccer;football	축구
23. 队	（名）	duì	team	팀
24. 头发	（名）	tóufa	hair	머리카락
25. 队员	（名）	duìyuán	team member	대원.팀원

| 专　名 | | | PROPER NOUN | 고유명사 |
| 1. 丽丽 | | Lìlì | Lili（name for girls） | 리리(인명) |

练习

第一部分　以下是根据第一段课文的问题

一、连续听两遍录音，边听边填空：

1. 真＿＿＿＿你，你游泳游得很好，＿＿＿＿打得也不错。
2. 你不是喜欢＿＿＿＿吗？这也是一种＿＿＿＿。
3. 另外爬山也是一＿＿＿＿很好的运动。
4. 这个＿＿＿＿不错，秋天到了，山上的＿＿＿＿也一定很美。
5. 对，现在去爬山＿＿＿＿可以锻炼身体，＿＿＿＿可以＿＿＿＿风景。

二、再听一遍录音，判断正误：

1. 从课文中我们知道，男的会游泳，也会打篮球。（　　）
2. 女的不喜欢运动。（　　）
3. 女的觉得散步不算运动。（　　）
4. 这段对话发生在冬天。（　　）
5. 周末只有男的和女的两个人去爬山。（　　）

三、再听一遍录音，请回答下列问题：

1. 女的为什么羡慕男的？
2. 女的喜欢什么？

3. 男的为什么觉得爬山是一项很好的运动？
4. 男的想什么时候去爬山？
5. 女的为什么觉得爬山的主意不错？

四、写下你听到的句子：

1. _____。
2. _____。
3. _____。

第二部分　以下是根据第二段课文的问题

一、连续听两遍录音，边听边填空：

1. 我来中国后胖了八_____，上次回国我妈妈_____说都不认识我了。
2. 她听说中国的减肥茶不错，_____我给她买_____。
3. _____减肥最好的_____是运动。
4. 你能帮我介绍一下儿哪种_____的减肥茶_____比较好吗？
5. 说_____，我买了好几种减肥茶，还没_____出来哪种好呢。

二、再听一遍录音，判断正误：

1. 女的来中国以后胖了十六斤。（　　）
2. 男的也想减肥。（　　）
3. 男的觉得减肥最好的方法是吃减肥药。（　　）
4. 女的不喜欢运动。（　　）
5. 女的告诉了男的应该喝哪一种减肥茶。（　　）

三、再听一遍录音，请回答下列问题：

1. 上次回国，女的的妈妈为什么说不认识她了？
2. 男的要给谁买减肥茶？
3. 男的的妹妹胖吗？
4. 男的觉得减肥最好的方法是什么？
5. 女的给男的介绍了好的减肥茶吗？为什么？

四、写下你听到的句子：

1. _____ 。
2. _____ 。
3. _____ 。

第三部分　以下是根据第三段短文的问题

请回答下列问题：

1. 丽丽今年多大了？
2. 丽丽和谁一起看电视？
3. 他们在看什么？
4. 黄头发的是哪个队？

第四部分　HSK 模拟试题

根据录音及其问题，在 A、B、C、D 四个答案中选择唯一恰当的答案：

1. A. 散步　　　　　　　　B. 游泳
   C. 打篮球　　　　　　　D. 打网球

2. A. 他会开车　　　　　　B. 他会修电脑
   C. 他什么都会　　　　　D. 他什么都不会

3. A. 说话人很有钱
   B. 说话人喜欢给她买东西
   C. 看见喜欢的东西，说话人就买来送给她
   D. 看见喜欢的东西，她就一定会让说话人给她买

4. A. 衣服　　　B. 汽车　　　C. 水果　　　D. 手表

5. A. 高兴　　　　B. 安慰　　　　C. 生气　　　　D. 悲伤

6. A. 男的的生日　　　　　　　B. 女的的生日
   C. 孩子的生日　　　　　　　D. 男的和女的的结婚纪念日

7. A. 52 公斤　　　　　　　　B. 53 公斤
   C. 55 公斤　　　　　　　　D. 56 公斤

8. A. 公园　　　　B. 剧院　　　　C. 商店　　　　D. 书店

9. A. 四点　　　　B. 五点　　　　C. 七点　　　　D. 十点

10. A. 她瘦了　　　　　　　　B. 她不忙
    C. 她在减肥　　　　　　　D. 她在练功夫

第十五课　他俩离婚了

生词

1.	离婚	（动）	líhūn	to divorce	이혼하다
2.	据说	（动）	jùshuō	it is said	듣건대.말하는 바에 의하면
3.	夫妻	（名）	fūqī	couple; husband and wife	부부
4.	具体	（形）	jùtǐ	concrete	구체적이다.특정의.실제의
5.	矛盾	（名）	máodùn	conflict; contradiction	모순.모순되다
6.	表面	（名）	biǎomiàn	superficial; surface	표면.외관
7.	可惜	（形）	kěxī	pity	애석하다.아깝다
8.	当初	（名）	dāngchū	in the first place; originally	당초.처음
9.	郎才女貌		lángcáinǚmào	well-matched pair	잘 어울리는 한 쌍(신랑은 유능하고 신부는 아름답다)
10.	恩爱	（形）	ēn'ài	affectionate	부부간의 애정이 깊다
11.	怕	（动）	pà	to be afraid of	무서워 하다.두려워 하다
12.	老婆	（名）	lǎopo	wife	마누라.처
13.	压力	（名）	yālì	pressure	정신적 의미의 압력. 스트레스
14.	暑假	（名）	shǔjià	summer vacation	여름 방학.여름 휴가
15.	补习班	（名）	bǔxíbān	continuation class	보습반.과외반
16.	认为	（动）	rènwéi	to consider; to think	여기다.생각하다
17.	童年	（名）	tóngnián	childhood	어린 시절.어릴적
18.	同意	（动）	tóngyì	to agree	동의하다
19.	想法	（名）	xiǎngfǎ	idea; thought	생각.의견
20.	做法	（名）	zuòfǎ	method	하는 방법.만드는 방법

21. 乐趣	（名）	lèqù	enjoyment；delight	즐거움.재미
22. 来自		láizì	to come from	...에서 오다 ...에서 나오다
23. 照顾	（动）	zhàogù	to take care of；treatment	돌보다.보살피다
24. 心情	（名）	xīnqíng	mood	심정.마음.기분
25. 原因	（名）	yuányīn	reason；cause	원인.
26. 疲劳	（形）	píláo	tired	지치다.피로해지다
27. 烦躁	（形）	fánzào	agitated	초조하다
28. 保持	（动）	bǎochí	to keep	지키다.유지하다
29. 良好	（形）	liánghǎo	good	양호하다.좋다
30. 心态	（名）	xīntài	psychology	심리상태

 练习

第一部分 以下是根据第一段课文的问题

一、连续听两遍录音，边听边填空：

1. 你听说了吗？张伟和他太太_____了！
2. 什么？怎么_____？他们看起来很好，为什么要_____呢？
3. 我看他俩平时挺好的，没看出来有什么_____。
4. 这很难说，有些事不能看_____。
5. 别说_____了，你和你太太怎么样啊？

二、再听一遍录音，判断正误：

1. 张伟和他的太太看起来很好，可是离婚了。（   ）
2. 男的一点儿也不知道张伟为什么和他太太离婚。（   ）
3. 女的没想到张伟和他太太会离婚。（   ）
4. 男的觉得有些事情不能只看表面。（   ）
5. 从对话中我们知道，张伟很有能力，他的太太比较漂亮。（   ）

三、再听一遍录音,请回答下列问题:

1. 张伟和他的太太为什么要离婚?
2. 女的听说张伟和太太离婚后她是怎么想的?
3. 张伟和他的太太以前怎么样?
4. 对话中的男的和他太太怎么样?
5. 请你用自己的话说一说什么是"郎才女貌"。

四、写下你听到的句子:

1. _____。
2. _____。
3. _____。

第二部分　以下是根据第二段课文的问题

一、连续听两遍录音,边听边填空:

1. 现在孩子们的学习_____越来越大了。
2. 他们每天_____在学校里上课_____,回家还要做很多作业,就连暑假也得_____各种补习班。
3. 我_____。但是_____们这样做也是为孩子好。
4. 他们的_____是对的,但是_____不好。其实有很多东西孩子们是在玩儿中学会的。
5. 玩儿可以给他们带来很大的_____,也可以让他们在玩儿的时候找到自己的兴趣和_____!

二、再听一遍录音,判断正误:

1. 女的认为现在孩子们的学习和生活的压力越来越大了。(　　)
2. 孩子们每天要上课,回家后还要做很多作业。(　　)
3. 男的认为孩子们在学习的时候就应该多学点儿东西,要减少玩的时间。(　　)
4. 女的不同意男的的观点,她觉得家长们做得很好。(　　)

5. 孩子们的很多兴趣和爱好是在玩儿的时候找到的。(   )

三、再听一遍录音,请回答下列问题:

1. 孩子们的学习压力怎么样？为什么？
2. 对于孩子们的学习压力这个问题,男的怎么看？
3. 家长们为什么让孩子每天学很多东西？
4. 女的为什么认为应该多给孩子们一些玩的时间？
5. 谈谈在你们国家小孩子的学习压力大不大？家长一般怎么教育孩子？

四、写下你听到的句子:

1. _____。
2. _____。
3. _____。

第三部分　以下是根据第三段短文的问题

请回答下列问题:

1. 这篇短文主要介绍什么话题？
2. 现代人的生活压力来自于哪儿？
3. 一般中年人的生活压力有哪些？
4. 有了很大的压力以后,他们有什么表现？
5. 谈谈怎样减少生活的压力？

第四部分　HSK 模拟试题

根据录音及其问题,在 A、B、C、D 四个答案中选择唯一恰当的答案:

1. A. 男的可能想和他太太离婚
   B. 男的不想和他太太有矛盾
   C. 男的不想对他太太好,因为他们有矛盾

D. 男的不喜欢他的太太了,所以他们有矛盾

2. A. 说话人觉得孩子就应该努力学习
   B. 说话人的女儿每天做作业做到十一点多
   C. 说话人觉得孩子的学习压力不应该太大
   D. 说话人觉得应该给孩子比较多的学习压力

3. A. 说话人觉得可以只看事情的表面
   B. 说话人觉得不能只看事情的表面
   C. 说话人觉得自己看不出来事情的表面
   D. 说话人问从事情的表面上能看出来什么

4. A. 说话人觉得老张不是好丈夫
   B. 说话人问老张为什么怕老婆
   C. 说话人觉得老张不应该怕老婆
   D. 说话人觉得老张怕老婆没什么

5. A. 女的不想当男的太太
   B. 女的觉得男的结婚以后常常做饭
   C. 女的觉得男的结婚以后也应该做饭
   D. 女的如果是这个男的太太,就给他做饭

6. A. 女的也不知道离婚的原因
   B. 女的想问谁知道离婚的原因
   C. 女的觉得男的一定知道离婚的原因
   D. 女的不想告诉男的现代人离婚的原因

7. A. 这个男的还没结婚　　　　　　B. 朴大佑的房间不太乱
   C. 女的去男的房间了　　　　　　D. 女的认为男的房间很干净

8. A. 她知道小王见了多少个女孩儿了
   B. 她也觉得小王找女朋友的要求太高
   C. 她不知道小王为什么到现在没女朋友

D. 她觉得小王见的女孩儿太少,所以没找到满意的

9. A. 觉得做女人不辛苦　　　　　　B. 下辈子不想做女人
   C. 觉得做女人也很辛苦　　　　　D. 觉得男的说得很有道理

10. A. 男的的儿子非常爱玩
    B. 男的认为自己的儿子不聪明
    C. 女的认为小孩爱玩是个大问题
    D. 女的认为应该给孩子更多的压力

第十六课　装修新房可不是个轻松的活儿

生词

1.	轻松	（形）	qīngsōng	easy; relaxation	가볍다.홀가분하다
2.	活儿	（名）	huór	job	일
3.	价	（名）	jià	price	값.가격
4.	位置	（名）	wèizhì	position	위치
5.	市区	（名）	shìqū	urban area	시가지역
6.	稍微	（副）	shāowēi	a bit	조금.약간.다소
7.	厅	（名）	tīng	drawing room	큰방.대청
8.	平方米	（名）	píngfāngmǐ	square meter	평방미터
9.	车库	（名）	chēkù	garage	차고
10.	小区	（名）	xiǎoqū	district	거주나 휴식시설이 모여 있는 일정 구역
11.	地下	（名）	dìxià	underground	지하
12.	停车场	（名）	tíngchēchǎng	parking area	주차장
13.	布置	（动）	bùzhì	to dispose; to fix up	배치.배열하다
14.	搬	（动）	bān	to take away; to move	운반하다.옮기다.이사하다
15.	力气	（名）	lìqi	strength	힘.기운
16.	移	（动）	yí	to move; to shift	이동하다.옮기다.움직이다
17.	书橱	（名）	shūchú	bookcase	책장
18.	墙角	（名）	qiángjiǎo	corner	벽모퉁이.구석
19.	梳妆台	（名）	shūzhuāngtái	dressing table	화장대
20.	走廊	（名）	zǒuláng	corridor	복도
21.	改变	（动）	gǎibiàn	change	바꾸다.변하다
22.	家具	（名）	jiājù	furniture	가구

23. 舒适	（形）	shūshì	comfortable	쾌적하다.편하다
24. 心爱	（形）	xīn'ài	loved，be loved	진심으로 사랑하다.아끼다
25. 缺	（动）	quē	to lack	모자라다.부족하다
26. 窗帘	（名）	chuānglián	curtain	커튼

第一部分　以下是根据第一段课文的问题

一、连续听两遍录音，边听边填空：

1. 那真是辛苦你了，装修新房可不是个＿＿＿＿的＿＿＿＿。
2. 北京的＿＿＿＿是比济南高，但是也要看＿＿＿＿。
3. 我姐的房子在＿＿＿＿，所以可能＿＿＿＿贵点儿。
4. 三室两＿＿＿＿，有一百五十多＿＿＿＿呢。
5. ＿＿＿＿有＿＿＿＿停车场，挺方便的，他们平时就把车停在那儿。

二、再听一遍录音，判断正误：

1. 男的上周出差了。（　　）
2. 男的姐姐在北京。（　　）
3. 姐姐买的房子比较贵。（　　）
4. 姐姐的房子有一百五十多平方米。（　　）
5. 姐姐家有车。（　　）

三、再听一遍录音，请回答下列问题：

1. 男的上周去干什么了?
2. 男的姐姐的房子为什么稍微贵一点儿?
3. 姐姐的房子是什么样的?
4. 姐姐家有车库吗? 为什么?
5. 姐姐平时把车停在哪儿?

四、写下你听到的句子：

1. _____。
2. _____。
3. _____。

第二部分　以下是根据第二段课文的问题

一、连续听两遍录音，边听边填空：

1. 大佑，我在重新_____房间，你能来帮帮忙吗？
2. _____东西的_____活儿当然是我们男生来干。
3. 我想把桌子_____到窗户前，把床放到它旁边，然后把_____放在右边的墙角里。
4. 梳妆台就不动了，我看放在_____的地方就挺好。
5. 不过我得先把梳妆台搬到_____去，_____搬别的东西时会不方便。

二、再听一遍录音，判断正误：

1. 女的想搬家，所以请男的帮忙。（　　）
2. 男的觉得累的活儿应该男的做。（　　）
3. 女的想把书橱放在桌子旁边。（　　）
4. 梳妆台要先搬到走廊去。（　　）
5. 女的和男的一起搬东西。（　　）

三、再听一遍录音，请回答下列问题：

1. 女的在干什么？
2. 女的想把床放在哪儿？
3. 房间布置好以后，桌子在哪儿？
4. 房间布置好以后，右边的墙角里放了什么东西？
5. 男的为什么要先搬走梳妆台？

四、写下你听到的句子：

1. _____。

2. _____。
3. _____。

第三部分 以下是根据第三段短文的问题

请回答下列问题：

1. 今天"我"干什么了？
2. "我"请谁帮忙了？
3. "我"的梳妆台放在哪儿？
4. "我"下午要去干什么？

第四部分 HSK模拟试题

根据录音及其问题，在A、B、C、D四个答案中选择唯一恰当的答案：

1. A. 济南的房价比北京高 B. 济南的房价没有北京高
   C. 济南房价的高低要看位置 D. 北京房价的高低跟位置没关系

2. A. 床 B. 桌子 C. 书橱 D. 沙发

3. A. 看电影、喝咖啡、吃晚饭、打球 B. 喝咖啡、看电影、吃晚饭、跳舞
   C. 看电影、吃晚饭、喝咖啡、回家 D. 吃晚饭、看电影、喝咖啡、看小说

4. A. 如果很忙，就不用参加会议 B. 如果不忙，就应该参加会议
   C. 就算很忙，也应该参加会议 D. 因为很忙，所以不能参加会议

5. A. 她来中国六个月了 B. 她很喜欢出去逛街
   C. 她已经很了解这里了 D. 她去过学校附近的很多地方

6. A. 他最近过得不太好 B. 他还没有女朋友

C. 他还不想找女朋友　　　　　D. 他和女朋友很久不见了

7. A. 每天学习六个小时　　　　　B. 每天下午都写汉字
   C. 每天上午都有口语课　　　　D. 每天晚上都预习语法

8. A. 糖醋鱼、西红柿鸡蛋汤和米饭
   B. 土豆丝、西红柿鸡蛋汤和米饭
   C. 糖醋里脊、西红柿鸡蛋汤和米饭
   D. 糖醋里脊、土豆丝、西红柿鸡蛋汤和米饭

9. A. 男的不想说小刘说话的事
   B. 女的认为小刘说话挺清楚
   C. 女的认为小刘说话有点儿慢
   D. 男的认为女的和小刘说话一样快

10. A. 男的发音不好　　　　　　　B. 男的说得不清楚
    C. 女的没学过汉语　　　　　　D. 女的汉语不太好

第十七课 没课的时候你经常做什么

生词

1.	不是……就是		bùshì…jiùshì	if not... it would be	…이 아니면…이다
2.	组织	（动）	zǔzhī	to organize	조직하다.결성하다
3.	篮球	（名）	lánqiú	basketball	농구
4.	一方面……另一方面		yīfāngmiàn… lìngyīfāngmiàn	on one hand... on the other hand	한편으로…하면서,다른 한편으로…하다
5.	锻炼	（动）	duànliàn	to do exercises	단련하다
6.	观看	（动）	guānkàn	to watch	관람하다.보다
7.	成	（动）	chéng	(to divide) into	…으로 되다.이루다.완성하다
8.	啦啦队	（名）	lālāduì	cheering squad	응원단
9.	加油	（动）	jiāyóu	to play up	힘내라!(응원하는 소리)
10.	独特	（形）	dútè	unique	독특하다
11.	娱乐	（名、动）	yúlè	amusement; amuse	오락.즐거움
12.	春节	（名）	chūnjié	the Spring Festival	춘절.음력설
13.	饺子	（名）	jiǎozi	dumpling	(속이 든 반달 모양의)만두
14.	鞭炮	（名）	biānpào	fireworks	폭죽
15.	春联	（名）	chūnlián	spring festival couplets	춘련(구정무렵 문입구에 붙이는 길한 문구)
16.	拜年	（动）	bàinián	pay New Year call	새해 인사를 하다.세배하다
17.	压岁钱	（名）	yāsuìqián	money given to children a lunar new year gift	세배돈
18.	邀请	（动）	yāoqǐng	to invite	초청.초빙하다

19. 挤	（动、形）	jǐ	to crowd; crowded	비집다.밀치다
20. 抢	（动）	qiǎng	to grab	앞다투어 하다. 서로 빼앗다
21. 投篮	（动）	tóulán	to shoot a basket	농구에서 슛하다
22. 橄榄球	（名）	gǎnlǎnqiú	rugby	럭비
23. 打法	（名）	dǎfǎ	the way/strategy of playing	타법
24. 分数	（名）	fēnshù	mark	점수

练习

第一部分 以下是根据第一段课文的问题

一、连续听两遍录音，边听边填空：

1. 如果是寒暑假，我_____ 回国_____ 去旅游。
2. 我们男生，周末一般会_____ 足球比赛、_____ 比赛什么的。
3. _____ 锻炼身体，_____ 也能认识很多新朋友。
4. 你们不喜欢参加，_____ 可以来_____ 啊？
5. _____ 是在给你们男生找_____ 啊！

二、再听一遍录音，判断正误：

1. 寒假的时候，女的不是回国就是去旅游。（   ）
2. 周末的时候，男的会去参加晚会认识新朋友。（   ）
3. 女的觉得女孩子都不太喜欢运动。（   ）
4. 男的觉得女的可以来给他当观众。（   ）
5. 女的觉得男的很聪明。（   ）

三、再听一遍录音，请回答下列问题：

1. 女的周末一般都做什么？
2. 男的周末一般会做什么？

3. 男的觉得周末组织比赛怎么样?
4. 女的觉得比赛怎么样?
5. 男的为什么想让女的来看比赛?

四、写下你听到的句子:

1. _____。
2. _____。
3. _____。

第二部分 以下是根据第二段课文的问题

一、连续听两遍录音,边听边填空:

1. 我知道中国的节日很多,而且每一个节日都有自己_____的_____方式,对吗?
2. 那时候我在中国朋友家吃_____、放鞭炮,还_____春联呢!
3. 过春节的时候每个中国_____都要_____在一起。
4. 听说现在越来越多的_____过春节的时候都_____出去旅游。
5. 今年寒假我的辅导老师_____我去他家过春节,我很想看看中国人是怎么过春节的。

二、再听一遍录音,判断正误:

1. 对话中的男女都是中国人。(　　)
2. 女的在中国过了春节。(　　)
3. 女的来中国以后过了很多节日。(　　)
4. 春节是中国最重要的传统节日。(　　)
5. 现在中国人过春节的方式和原来一样。(　　)

三、再听一遍录音,请回答下列问题:

1. 关于中国的节日,女的都知道什么?
2. 女的听说过春节的时候中国人会做什么?
3. 中国家庭一般都怎么过春节?

4. 现在的年轻人怎么过春节？
5. 女的今年要去哪儿过春节？

四、写下你听到的句子：

1. _____ 。
2. _____ 。
3. _____ 。

第三部分　以下是根据第三段短文的问题

请回答下列问题：

1. 上个周末"我们班"有什么活动？
2. 这一次女生们打篮球打得怎么样？
3. 女生为什么打得不好？
4. 体育老师开了什么玩笑？

第四部分　HSK 模拟试题

根据录音及其问题，在 A、B、C、D 四个答案中选择唯一恰当的答案：

1. A. 出国旅游　　　　　　　　B. 回国的时候去旅游
　 C. 不是回国，而是去旅游　　D. 或者回国，或者去旅游

2. A. 在中国不同的节日有不同的娱乐方式
　 B. 中国的很多节日娱乐方式都一样
　 C. 中国的每一个节日都有一样的娱乐方式
　 D. 在中国节日不同，娱乐方式不一定不同

3. A. 汉语、英语和法语　　　　B. 英语、日语和法语
　 C. 汉语、日语和法语　　　　D. 英语、汉语和日语

4. A. 他很聪明,很多看法都和别人一样
   B. 他很独特,有很多问题和别人不一样
   C. 他很聪明,对每一个问题都有自己的观点
   D. 他很独特,对每一个问题几乎都能解决好

5. A. 不太贵,而且位置很好
   B. 不太贵,而且装修得很漂亮
   C. 虽然又贵又没装修,可是位置很好
   D. 虽然贵了点儿,可是又漂亮位置又好

6. A. 让女的买礼物回来
   B. 告诉女的他想要的礼物
   C. 他也不知道自己想要什么礼物
   D. 他不让女的买礼物,想让女的快点儿回来

7. A. 篮球　　　B. 足球　　　C. 棒球　　　D. 橄榄球

8. A. 两个　　　B. 三个　　　C. 四个　　　D. 五个

9. A. 担心这次考不好　　　B. 学习比以前努力
   C. 她最近心情很好　　　D. 对什么都感兴趣

10. A. 女的周末没空
    B. 女的觉得公共汽车太少了
    C. 男的打算骑自行车带女的去爬山
    D. 男的骑车骑得不太好,女的不想坐他的车

第十八课　你理想的女朋友是什么样子的

生词

1. 恋爱　　（名、动）　liàn'ài　　　love　　　　　　　　　연애하다
2. 帅　　　（形）　　　shuài　　　　smart; handsome　　　멋지다
3. 缘分　　（名）　　　yuánfèn　　　fate　　　　　　　　　연분.인연
4. 理想　　（名）　　　lǐxiǎng　　　ideal; cause　　　　　이상.꿈.이상적인
5. 嘴　　　（名）　　　zuǐ　　　　　mouth　　　　　　　　입
6. 心　　　（名）　　　xīn　　　　　heart　　　　　　　　마음
7. 苗条　　（形）　　　miáotiáo　　 slim　　　　　　　　　날씬하다
8. 温柔　　（形）　　　wēnróu　　　 gentle and soft　　　 온유하다.부드럽다
9. 对……来说　　　　　duì…láishuō　according to; for the sake of　…에 대해 말하다
10. 善良　（形）　　　 shànliáng　　kindhearted　　　　　 선량하다.착하다
11. 标准　（名）　　　 biāozhǔn　　 standard　　　　　　　 표준.기준.잣대
12. 外表　（名）　　　 wàibiǎo　　　appearance　　　　　　 겉.모양.외모
13. 个子　（名）　　　 gèzi　　　　 stature　　　　　　　 사람의 키
14. 学历　（名）　　　 xuélì　　　　academic credentials　 학력
15. 职业　（名）　　　 zhíyè　　　　occupation; profession　직업
16. 低　　（形）　　　 dī　　　　　 low　　　　　　　　　 높이나 수준이 낮다
17. 能力　（名）　　　 nénglì　　　 ability; capability　　능력
18. 当　　（动）　　　 dāng　　　　 to act as　　　　　　　직무 따위를 담당하다
19. 条件　（名）　　　 tiáojiàn　　 condition　　　　　　　조건
20. 碰　　（动）　　　 pèng　　　　 to meet; run into　　　우연히 만나다
21. 谈论　（动）　　　 tánlùn　　　 to talk about　　　　　논의하다
22. 话题　（名）　　　 huàtí　　　　topic　　　　　　　　　화제.얘기거리
23. 类型　（名）　　　 lèixíng　　　type　　　　　　　　　 유형
24. 关心　（名、动）　 guānxīn　　　to care about　　　　　관심을 갖다

25. 对象　　（名）　duìxiàng　　　lover　　　애인.결혼상대

第一部分　以下是根据第一段课文的问题

一、连续听两遍录音，边听边填空：

1. 不_____ 你，我真的还没有女朋友呢！
2. 我觉得谈_____ 和长得帅不帅没关系。
3. 中国人不是最_____ 缘分吗？
4. 你_____ 的女朋友是什么样子的？
5. 我想_____ 男人来_____ ，女人最重要的是_____ 。

二、再听一遍录音，判断正误：

1. 男的现在没有女朋友。（　　）
2. 男的觉得谈恋爱最重要的是缘分。（　　）
3. 男的想找的女朋友只要漂亮就行。（　　）
4. 男的觉得女人最重要的是善良。（　　）
5. 女的觉得男的想法不好。（　　）

三、再听一遍录音，请回答下列问题：

1. 男的说他现在没有女朋友，女的为什么不相信他？
2. 男的觉得谈恋爱什么最重要？
3. 女的觉得男的理想的女朋友是什么样子？
4. 男的觉得对男人来说，什么样的女人是最好的？
5. 女的觉得男的怎么样？

四、写下你听到的句子：

1. _____。
2. _____。
3. _____。

第十八课
你理想的女朋友是什么样子的

第二部分 以下是根据第二段课文的问题

一、连续听两遍录音,边听边填空:

1. 你是不是也_____说说你找男朋友的_____啊?
2. 你觉得男人的_____重要吗?
3. _____高低没关系,最重要的是有_____。
4. _____我想找一个当_____的。
5. 如果真_____到自己喜欢的人,所有的_____也就都不重要了。

二、再听一遍录音,判断正误:

1. 男的想知道女的理想的男朋友是什么样子的。(   )
2. 女的希望找一个又高又帅的男朋友。(   )
3. 女的觉得男人学历高低不重要。(   )
4. 女的觉得能力对男人来说最重要。(   )
5. 女的已经有了一个当医生的男朋友。(   )

三、再听一遍录音,请回答下列问题:

1. 女的找男朋友的标准是什么?
2. 对女的来说,男人的外表重要吗?
3. 女的觉得男人什么最重要?
4. 女的想找个做什么工作的男朋友?
5. 如果碰到自己喜欢的人,女的会怎么样?

四、写下你听到的句子:

1. _____。
2. _____。
3. _____。

第三部分 以下是根据第三段短文的问题

请回答下列问题:

1. 年轻人喜欢谈论什么话题?
2. 大佑觉得女人什么最重要?
3. "我"喜欢什么样的男生?
4. "我"觉得什么是最重要的?
5. 如果碰到自己喜欢的人会怎么样?

第四部分 HSK 模拟试题

根据录音及其问题,在 A、B、C、D 四个答案中选择唯一恰当的答案:

1. A. 小张长得不高但人不太好。
   B. 小张长得又高又帅,但人不好
   C. 说话人觉得小张一定有女朋友
   D. 说话人问谁相信小张没有女朋友

2. A. 帅不帅没关系,最重要的是缘分
   B. 谈恋爱的时候,长得好不好很重要
   C. 谈不谈恋爱,最重要的是长得帅不帅
   D. 谈恋爱的时候,有没有缘分不是最重要的

3. A. 看他长得帅不帅   B. 看他学历高不高
   C. 看他的工作好不好   D. 什么条件都不在乎了

4. A. 你很厉害   B. 你为什么打车呢
   C. 应该打车去市场买菜   D. 去买菜不用坐出租车

5. A. 难过　　　　B. 羡慕　　　　C. 惊讶　　　　D. 生气

6. A. 帮小林装修好了新房
   B. 觉得小林的新房不漂亮
   C. 昨天也想去看小林的新房
   D. 以前以为小林的新房还没装修好

7. A. 女的觉得还可以　　　　B. 男的觉得不太好
   C. 写书的人很有名　　　　D. 女的觉得差了点儿

8. A. 工作一般　　　　B. 身体不好
   C. 最近很好　　　　D. 最近很忙

9. A. 他和小王结婚了　　　　B. 他和小王分手了
   C. 他和小王恋爱了　　　　D. 他和小王去旅游了

10. A. 学历不高　　　　B. 工作挺好
    C. 个子很高　　　　D. 长得很帅

第十九课　求助电话

生词

1.	肠	（名）	cháng	intestines	장
2.	胃	（名）	wèi	stomach	위
3.	炎	（名）	yán	inflammation.	염.염증
4.	幸亏	（副）	xìngkuī	fortunately	다행히도.운좋게
5.	急救	（动）	jíjiù	first aid	응급조처하다
6.	救护车	（名）	jiùhùchē	ambulance	구호차.응급차
7.	及时	（形、副）	jíshí	in time	제때에.적시에
8.	万一	（连）	wànyī	in case	만일.만약에
9.	遇到	（动）	yùdào	to meet	만나다.발생하다
10.	其他	（代）	qítā	other	기타의.그 밖의
11.	紧急	（形）	jǐnjí	emergent; urgent	긴급하다.절박하다
12.	情况	（名）	qíngkuàng	situation	상황.정황
13.	常用	（形）	chángyòng	daily use	늘 쓰다
14.	火灾	（名）	huǒzāi	fire	화재
15.	报警	（动）	bàojǐng	to call the police	경찰에 신고하다
16.	中国通	（名）	Zhōngguótōng	old china hand	중국통
17.	趟	（量）	tàng	time	차례.번(오가는 횟수)
18.	卫生间	（名）	wèishēngjiān	bathroom	화장실
19.	候车室	（名）	hòuchēshì	waiting room	대합실
20.	旅客	（名）	lǚkè	passenger	여객
21.	提	（动）	tí	to carry	짐따위를 들다
22.	机场	（名）	jīchǎng	airport	비행장
23.	张	（量）	zhāng	piece	벌리다.펼치다
24.	胳膊	（名）	gēbo	arm	팔
25.	模仿	（动）	mófǎng	to imitate	모방하다

26. 飞机　　（名）　fēijī　　　　plane　　　　　비행기

专　名		PROPER NOUN	고유명사
1. 全聚德烤鸭店	Quánjùdé kǎoyādiàn	Quanjude Roast Duck Restaurant	켄터키 오리구이점

练习

第一部分　以下是根据第一段课文的问题

一、连续听两遍录音，边听边填空：

1. 昨天_____，我的一个朋友得了急性肠胃炎，她肚子_____睡不着觉。
2. _____我知道中国医院急救中心的电话，所以我_____打了120。
3. 那么在中国_____遇到其他_____情况，还有什么常用服务电话？
4. 如果一个地方_____了火灾，应该打哪个电话？
5. 当然了，因为我是_____嘛！

二、再听一遍录音，判断正误：

1. 昨天半夜女的得了急性肠胃炎，所以疼得睡不着觉。（　　）
2. 从对话中我们知道，中国急救中心的电话是114。（　　）
3. 女的的朋友因为及时去了医院，所以现在好多了。（　　）
4. 如果在中国你想查一个电话号码，你可以查120。（　　）
5. 男的说自己很了解中国，他是"中国通"。（　　）

三、再听一遍录音，请回答下列问题：

1. 为什么昨天半夜女的还要去医院？
2. 她知道医院急救中心的电话吗？电话号码是多少？
3. 如果一个地方发生火灾，应该打哪个电话？
4. 如果你在中国遇到坏人，你应该打哪个电话？

5. 谈谈你们国家有什么常用服务电话？

四、写下你听到的句子：

1. _____。
2. _____。
3. _____。

第二部分　以下是根据第二段课文的问题

一、连续听两遍录音，边听边填空：

1. 有什么_____帮助的,您请讲。
2. 小姐,您别_____。我可以帮您_____一下儿。
3. 请韩国留学生朴大佑先生_____到候车室服务台,您的朋友_____找您!
4. 大佑,你刚才去哪儿了？_____我了!
5. _____是做好事去了,哈哈!

二、再听一遍录音，判断正误：

1. 从对话中我们知道女的一定遇到了麻烦,所以请别人帮助她。（　　）
2. 女的现在可能在飞机场候车室。（　　）
3. 女的叫李知恩,她是韩国留学生。（　　）
4. 广播中让李知恩的朋友马上到候车室的服务台去。（　　）
5. 广播以后李知恩也没有找到她的朋友。（　　）

三、再听一遍录音，请回答下列问题：

1. 李知恩遇到了什么麻烦？
2. 李知恩的朋友叫什么名字,是哪国人？
3. 服务员是怎么帮助李知恩广播的？
4. 李知恩找不到她的朋友的时候是什么心情？
5. 李知恩的朋友刚才去哪儿了？做了什么事？

四、写下你听到的句子：

1. _____。

2. _____。
3. _____。

第三部分　以下是根据第三段短文的问题

请回答下列问题：

1. 那个留学生想去哪儿?
2. 那个留学生为什么要模仿飞机的样子?
3. 司机把留学生送到了什么地方?
4. 为什么司机把留学生送到了那个地方?

第四部分　HSK 模拟试题

根据录音及其问题，在 A、B、C、D 四个答案中选择唯一恰当的答案：

1. A. 高兴　　　　B. 不满　　　　C. 惊讶　　　　D. 兴奋

2. A. 迈克不了解中国　　　　B. 迈克来中国一年了
   C. 迈克对中国很了解　　　D. 说话人以前知道迈克了解中国

3. A. 张明以前比现在胖　　　B. 说话人没认出张明来
   C. 说话人认出张明来了　　D. 说话人以前认识张明

4. A. 火车上　　　　　　　　B. 汽车站
   C. 候车室　　　　　　　　D. 出租车里

5. A. 说话人没找朴大佑修电脑
   B. 说话人的电脑是朴大佑修好的
   C. 说话人的电脑不是朴大佑修好的
   D. 说话人不让别人说是朴大佑修好的

6. A. 小刘是个女的
   B. 那个女的不给小刘打电话了
   C. 刚才有个女的给小刘打电话了
   D. 那个女的问小刘说什么

7. A. 问女的跟谁好
   B. 问女的为什么客气
   C. 他们的关系很好,不用客气
   D. 不知道谁通知了女的,就问她是谁通知的

8. A. 夫妻关系　　　　　　　B. 同事关系
   C. 同学关系　　　　　　　D. 父女关系

9. A. 10006　　　B. 10600　　　C. 16000　　　D. 10060

10. A. 说女的不用着急　　　　B. 问女的为什么着急
    C. 说自己没去卫生间　　　D. 说女的着急也没有用

第二十课　我教你做中国菜吧

生词

1.	难道	（副）	nándào	is it possible that …?	설마하니...하겠는가?,그래...란 말인가?
2.	家常	（名）	jiācháng	the daily life	가정의 일상생활
3.	首先	（连）	shǒuxiān	first of all; firstly	우선.먼저
4.	切	（动）	qiē	to cut; to chop	자르다
5.	块	（量）	kuài	piece	덩어리
6.	然后	（连）	ránhòu	afterward; then	연후에.그런 다음에
7.	搅	（动）	jiǎo	to stir	휘젓다.고르게 섞다
8.	匀	（形）	yún	even	고르다.균등하다
9.	锅	（名）	guō	pan	남비.솥
10.	准备	（动）	zhǔnbèi	to prepare	준비하다
11.	闻	（动）	wén	to smell	냄새를 맡다
12.	瞧	（动）	qiáo	to take a look	보다
13.	顿	（量）	dùn	measure word	끼니.차례.식사.꾸지람을 나타내는 양사
14.	饿	（形）	è	hungry	배고프다.굶다
15.	馋	（形）	chán	gluttonous; greedy	음식을 탐내다
16.	手艺	（名）	shǒuyì	craftsmanship	솜씨.재주
17.	好听	（形）	hǎotīng	pleasant	듣기 좋다
18.	碗	（名、量）	wǎn	bowl	공기.사발
19.	盛	（动）	chéng	to fill; to hold	밥.요리등을 용기에 담다
20.	度假	（动）	dùjià	to spend one's holidays	휴가를 보내다
21.	立刻	（副）	lìkè	at once	즉시.곧바로
22.	热情	（名、形）	rèqíng	adore; hospitable	친절하다
23.	递	（动）	dì	to hand over; to pass	건네다

24.	文字	（名）	wénzì	characters	문자
25.	行	（量）	háng	row	줄.행
26.	特色	（形）	tèsè	characteristic	특색.특징
27.	吃惊	（动）	chījīng	to be startled	깜짝 놀라다

专 名		PROPER NOUN	고유명사
1.	西红柿炒鸡蛋	Xīhóngshì chǎojīdàn	fried tomato and egg	토마토 달걀 볶음
2.	炒土豆丝	Chǎotǔdòusī	fry the potato silk	감자채 볶음
3.	海带炖排骨	Hǎidàidùnpáigǔ	stewed chop and kelp	다시마 갈비탕
4.	法 国	Fǎguó	France	프랑스
5.	法 语	Fǎyǔ	French	프랑스어

练习

第一部分　以下是根据第一段课文的问题

一、连续听两遍录音，边听边填空：

1. 来中国_____时间了，我还不会做中国菜呢，不知道在哪儿能学一学？
2. 听说很多中国男人会做菜，_____你也会做菜吗？
3. 我这儿有_____、也有西红柿，你_____我做西红柿炒鸡蛋吧。
4. 先_____鸡蛋还是先_____西红柿？
5. 好了，已经做好了，你_____，_____怎么样？

二、再听一遍录音，判断正误：

1. 对话中女的不会做中国菜，因为她不是中国人。（　　　）

2. 男的只会做炒土豆丝、西红柿炒鸡蛋这两个家常菜。（   ）
3. 女的让男的教她做西红柿炒鸡蛋。（   ）
4. 男的说做西红柿炒鸡蛋的时候,应该先炒西红柿。（   ）
5. 女的做的这个菜很好吃。（   ）

三、再听一遍录音,请回答下列问题：

1. 谁可以教女的做中国菜？
2. 从对话中你知道中国男人会做菜吗？这个男的会做什么菜？
3. 怎么做西红柿炒鸡蛋？请你用自己的话说一遍。
4. 女的做的菜好吃吗？为什么？
5. 谈谈你会不会做中国菜？

四、写下你听到的句子：

1. _____。
2. _____。
3. _____。

第二部分　以下是根据第二段课文的问题

一、连续听两遍录音,边听边填空：

1. 饭马上就做好了,快点儿洗洗手_____吃饭吧！
2. 您做的是什么好吃的呀？_____这么_____,我来瞧瞧！
3. 真_____,今天中午可以大吃_____了。别说,我还真有点儿饿了呢！
4. 说得好听,_____还不是整天忙着写作业？
5. 您真_____我！谁让我是爱学习的好学生呢！

二、再听一遍录音,判断正误：

1. 孩子回来的时候饭已经做好了。（   ）
2. 这个男孩儿最爱吃海带炖排骨。（   ）
3. 这个男孩儿暑假的时候一定会学习做菜,让他的妈妈尝尝他的手艺。
（   ）

4. 这个男孩儿学习可能还不错。（　　）
5. 他觉得做菜很简单，不用学就会。（　　）

三、再听一遍录音，请回答下列问题：

1. 男孩儿的妈妈给他做了什么好吃的饭菜？
2. 这个男孩儿会不会做饭？
3. 他暑假的时候可能要做什么？
4. 男孩儿觉得什么简单，不用学就会？
5. 你爱吃什么味道的中国菜？能说出它们的菜名吗？

四、写下你听到的句子：

1. _____。
2. _____。
3. _____。

第三部分　以下是根据第三段短文的问题

请回答下列问题：

1. 这个女游客到哪儿去度假？
2. 她会说这个国家的语言吗？
3. 她在饭馆的时候点了什么菜？
4. 服务员看到她点的菜以后是什么态度？

第四部分　HSK模拟试题

根据录音及其问题，在A、B、C、D四个答案中选择唯一恰当的答案：

1. A. 川菜很好吃　　　　　　　B. 在他们学校里面
   C. 离他们学校很远　　　　　D. 饭菜的价格比别的饭馆贵

2. A. 日本的牛肉不贵
   B. 北京的牛肉比别的肉的价格低
   C. 北京的牛肉比别的肉价格高很多
   D. 北京的牛肉跟别的肉的价格差不多

3. A. 老张每次吃饭都喝酒　　　　B. 老张每次吃饭都不喝酒
   C. 老张的太太希望老张喝酒　　D. 老张吃饭的时候喝过一次酒

4. A. 海伦现在还是不会用筷子　　B. 海伦现在用筷子用得很好
   C. 说话人问海伦用筷子比谁好　D. 说话人问海伦怎么不会用筷子

5. A. 现在的女孩子都很瘦
   B. 现在的女孩子都很胖
   C. 现在的女孩子很瘦，却还要减肥
   D. 现在的女孩子很奇怪，很胖却说自己很瘦

6. A. 小华中午没吃饭　　　　　　B. 小华问男的怎么吃的
   C. 小华中午吃了点儿面条　　　D. 小华中午不饿，所以什么也不想吃

7. A. 她很想学习做饭　　　　　　B. 她不想学习做饭
   C. 她想晚上的时候学做饭　　　D. 她想等天气好的时候学做饭

8. A. 问谁是孩子的妈妈　　　　　B. 她不想当孩子的妈妈
   C. 她不想照顾她的孩子　　　　D. 她应该照顾孩子，所以得做饭

9. A. 不让男的说话　　　　　　　B. 想学习做海带炖排骨
   C. 不想学习做海带炖排骨　　　D. 觉得海带炖排骨味道不好

10. A. 女的说他很小
    B. 女的让男的不要小看他
    C. 女的知道他常常参加跑步比赛
    D. 女的说他在比赛中常常得第一名

第二十一课　很多人选择在假期去旅游

生词

1.	假期	（名）	jiàqī	vacation	휴가
2.	期间	（名）	qījiān	course; period	기간
3.	度	（动）	dù	to spend	머무르다.지내다
4.	趁	（介）	chèn	to take advantage of	기회를 타다.이용하다
5.	补	（动）	bǔ	to mend	보충하다.채우다
6.	甚至	（副）	shènzhì	even	심지어
7.	利用	（动）	lìyòng	to utilize	이용하다
8.	联络	（动）	liánluò	to contact	연락하다
9.	扑克	（名）	pūkè	poker	포커
10.	钓鱼	（动）	diàoyú	to fish	낚시하다
11.	避免	（动）	bìmiǎn	to avoid	피하다.모면하다
12.	烦恼	（形）	fánnǎo	bother; trouble; worried	번뇌하다.걱정하다
13.	敢	（助动）	gǎn	dare	감히.대담하게
14.	出差	（动）	chūchāi	on business trip	출장가다
15.	建筑	（名）	jiànzhù	architecture; building	건축물
16.	没准儿		méizhǔnr	maybe	확실치 않다.아마도
17.	退休	（动）	tuìxiū	to retire	퇴직하다
18.	定居	（动）	dìngjū	reside in; live in; settle down	정착하다
19.	假如	（连）	jiǎrú	if	만약에.만일에
20.	健身房	（名）	jiànshēnfáng	gymnasium	체육관.헬스센터
21.	繁忙	（形）	fánmáng	busy	매우 바쁘다
22.	使	（动）	shǐ	make…	…하게 하다.시키다
23.	打折	（动）	dǎzhé	give a discount	할인하다
24.	重视	（动）	zhòngshì	value; mind	중시하다

25. 美容　　（动）　měiróng　improve looks;beautify　미용.미용하다

练习

第一部分　以下是根据第一段课文的问题

一、连续听两遍录音，边听边填空：

1. 很多人_____ 在_____ 去旅游。
2. 在这_____ 很多旅游_____ 人是不是非常多？
3. 是啊，所以有些人选择_____ 在家里_____ 长假。
4. 可是常常一_____ 就睡到中午_____ 下午。
5. 听说有人会_____ 假期和朋友聚会，_____ 一下感情。

二、再听一遍录音，判断正误：

1. 每年的五一节中国人都有七天的长假。（　　）
2. 长假期间很多旅游景点人都非常多。（　　）
3. 有的人放假的时候在家里休息。（　　）
4. 女的觉得睡得多对身体有好处。（　　）
5. 文中提到喜欢联络感情的人会在放假的时候和朋友去喝酒。（　　）

三、再听一遍录音，请回答下列问题：

1. 中国的两个七天长假是什么时候？
2. 放七天长假的时候，中国人一般都做什么？
3. 为什么有的人放假的时候选择呆在家里？
4. 选择在家的人一般都做什么？
5. 和朋友聚会的人都有哪些娱乐活动？

四、写下你听到的句子：

1. _____。
2. _____。

3. _____ 。

第二部分　以下是根据第二段课文的问题

一、连续听两遍录音,边听边填空:

1. 其实自己开车旅游花钱并不少,可是_____了挤车的_____。
2. 因为去年旅游_____没回来,所以今年不_____去了。
3. 这次跟孩子一起去看_____,孩子特别_____。
4. 上次我_____去青岛,对那儿的印象还真不错,空气很干净,_____也很有特点。
5. 我想_____退休以后,我们两口还会去青岛_____呢!

二、再听一遍录音,判断正误:

1. 这个假期女的和三个朋友去青岛玩儿了。(　　)
2. 男的觉得自己有车很方便。(　　)
3. 女的觉得自己开车去旅游很便宜。(　　)
4. 这个假期男的也出去玩儿了。(　　)
5. 以后女的可能会去青岛住。(　　)

三、再听一遍录音,请回答下列问题:

1. 这个假期女的和谁去旅游了?
2. 女的觉得自己开车去旅游怎么样?
3. 男的今年为什么不敢去旅游了?
4. 假期男的都干什么了?
5. 男的觉得青岛怎么样?

四、写下你听到的句子:

1. _____ 。
2. _____ 。
3. _____ 。

第三部分 以下是根据第三段短文的问题

请回答下列问题:

1. 如果有七天假期,很多人会选择做什么?
2. 工作繁忙的人在假期里会做什么?
3. 放假的时候商店有什么活动?
4. 重视外表的人会在假期里做什么?

第四部分 HSK 模拟试题

根据录音及其问题,在 A、B、C、D 四个答案中选择唯一恰当的答案:

1. A. 工作　　　　B. 补课　　　　C. 旅游　　　　D. 睡懒觉

2. A. 唱歌　　　　B. 打牌　　　　C. 吃饭　　　　D. 钓鱼

3. A. 花钱少　　　　　　　　　B. 能省钱
   C. 不用挤车　　　　　　　　D. 有很多烦恼

4. A. 说话人已经结婚了　　　　B. 说话人已经退休了
   C. 说话人一定会去青岛定居　D. 说话人没有准备去青岛定居

5. A. 陪说话人逛街　　　　　　B. 试了一件衣服
   C. 看上很多衣服　　　　　　D. 她逛了一天街

6. A. 他现在的工作很累,可是钱很多
   B. 他现在的工作钱不多,也不稳定
   C. 他觉得自己应该换一个更好的工作
   D. 他觉得自己太老了,找不到更好的工作了

7. A. 他没生病　　　　　　　　B. 他是非洲人
   C. 他最近没感冒　　　　　　D. 他最近每天去上课

8. A. 昨晚的讲座讲了两个小时
   B. 昨晚九点的时候，男的正在睡觉
   C. 昨晚男的做了很多笔记所以很累
   D. 男的觉得昨晚的讲座去了也是白去

9. A. 腿受伤了，但是不严重
   B. 腿受伤了，必须躺着休息几天
   C. 伤口不疼了，但是还不能活动
   D. 骨头受伤了，所以这几天不能洗澡

10. A. 他忘记今天有考试了
    B. 他的考试已经考完了
    C. 没有人告诉他考试改在今天了
    D. 因为男的告诉他今天的考试改在明天了

第二十二课　我家的电脑上不去网

生词

1.	尽快	（副）	jǐnkuài	as soon as possible	되도록 빨리
2.	维修	（动）	wéixiū	to maintain	수리유지하다.손질하다
3.	人员	（名）	rényuán	personnel	인원
4.	检查	（动）	jiǎnchá	to check	검사하다
5.	登记	（动）	dēngjì	to register	등기하다.등록하다
6.	重复	（动）	chóngfù	to repeat	중복하다
7.	毛病	（名）	máobìng	defect；trouble	고장.손실.결함
8.	光盘	（名）	guāngpán	CD	CD
9.	噪音	（名）	zàoyīn	noise	잡음.소음
10.	发票	（名）	fāpiào	invoice	영수증
11.	超	（形）	chāo	exceed	넘다.초과하다
12.	价格	（名）	jiàgé	price	가격
13.	厂家	（名）	chǎngjiā	producer	공장.제조업자
14.	产品	（名）	chǎnpǐn	product	생산품
15.	薄	（形）	báo	thin	얇다
16.	保修期	（名）	bǎoxiūqī	guarantee period	보증 수리기간
17.	以内	（名）	yǐnèi	within	...의 이내
18.	免费	（动）	miǎnfèi	free	무료로 하다
19.	修理	（动）	xiūlǐ	to repair	수리하다
20.	打工	（动）	dǎgōng	to work as a temporary labourer	아르바이트하다
21.	挣	（动）	zhèng	to earn	돈을 벌다
22.	打字	（动）	dǎzì	to type	타자를 치다
23.	总	（副）	zǒng	always	늘.언제나.항상.줄곧
24.	结果	（连）	jiéguǒ	result	결과

| 25. 速度 | （名） | sùdù | speed | 속도 |
| 26. 发送 | （动） | fāsòng | to send | 발송하다 |

第一部分　以下是根据第一段课文的问题

一、连续听两遍录音，边听边填空：

1. 我们会_____安排维修人员去_____一下。
2. 顺便问一下，用您_____的这个电话_____能联系到您吗？
3. 我_____告诉您一个联系电话_____。
4. 我再_____一_____，是13708418623，对吗？
5. 对，那我_____在家_____着你们。

二、再听一遍录音，判断正误：

1. 一定是因为电脑坏了，所以男的上不去网了。（　　）
2. 女的知道男的登记的电话号码。（　　）
3. 男的现在不在家。（　　）
4. 男的告诉了女的他的手机号。（　　）
5. 男的家里下午没有人。（　　）

三、再听一遍录音，请回答下列问题：

1. 男的家从什么时候开始不能上网的？
2. 知道男的家上不去网了，女的怎么办？
3. 男的为什么要告诉女的另一个联系电话？
4. 男的另一个电话是什么？
5. 男的下午要干什么？

四、写下你听到的句子：

1. _____。

2. _____。
3. _____。

第二部分 以下是根据第二段课文的问题

一、连续听两遍录音,边听边填空:

1. 我的DVD有_____了,能_____吗?
2. 您买的DVD_____一个月了,_____换,不能退。
3. 您再帮我介绍一种_____好点儿的,_____高点儿没关系。
4. 这是_____新出的产品,别看它这么_____,功能可一样也不少。
5. 一年内_____修理,一个月_____出现质量问题可以退。

二、再听一遍录音,判断正误:

1. 男的DVD坏了。(   )
2. 男的没有找到发票,所以不能退换DVD。(   )
3. 男的觉得这种牌子的DVD质量不好。(   )
4. 男的想买一种质量好点儿的DVD,可是也不能太贵。(   )
5. 最后男的决定再买一台DVD。(   )

三、再听一遍录音,请回答下列问题:

1. 男的DVD出了什么毛病?
2. 男的DVD为什么不能退?
3. 男的为什么不想要和原来牌子一样的DVD?
4. 女的介绍的新出的DVD怎么样?
5. 新的DVD保修期是多久?

四、写下你听到的句子:

1. _____。
2. _____。
3. _____。

第三部分 以下是根据第三段短文的问题

请回答下列问题：

1. "我"买了一台什么样的电脑？
2. 电脑刚买的时候怎么样？
3. 第二个月开始，电脑怎么了？
4. 这台电脑上网的速度怎么样？
5. 在电脑发邮件的时候，"我"会做什么？

第四部分 HSK 模拟试题

根据录音及其问题，在 A、B、C、D 四个答案中选择唯一恰当的答案：

1. A. 下午不在学校 　　　　　　B. 晚上可能在家
   C. 正在回学校的路上 　　　　D. 正在去邮局的路上

2. A. 太难看了 　　　　　　　　B. 画面不清楚
   C. 不能正常读盘 　　　　　　D. 又大质量又好

3. A. 又高又好的 　　　　　　　B. 又好又便宜的
   C. 质量好的，但是不能太贵 　D. 只要质量好，贵一点儿也行

4. A. 他买了两台电脑 　　　　　B. 他买的电脑是旧的
   C. 买电脑的钱是他借的 　　　D. 这是他买的第二台电脑

5. A. 他的牙疼
   B. 他的腿受伤了
   C. 他吃了凉的东西，所以肚子疼
   D. 他吃了热的东西，所以身体不舒服

6. A. 很好用 B. 不能用了
   C. 没有声音 D. 用了很长时间了

7. A. 现在是夏天
   B. 女的想要一份生日礼物
   C. 男的给女的买了很多化妆品
   D. 男的觉得女的想要的化妆品很贵

8. A. 青岛不太热 B. 济南不太热
   C. 济南比青岛热 D. 青岛比济南热

9. A. 他知道一家很好吃的饭馆
   B. 他没有找到一家好吃的饭馆
   C. 他要在学校附近请女的吃大餐
   D. 学校附近的饭馆他几乎都去吃过,但都不好

10. A. 男的昨天不太累 B. 女的骗了男的
    C. 男的昨天出去了 D. 男的看书的时候睡着了

第二十三课 我想租一套房子

生词

1.	光临	（动）	guānglín	to present	왕림하다
2.	套	（量）	tào	set	세트.조.질.채(방)에 쓰이는 양사
3.	附近	（形）	fùjìn	nearby	부근
4.	符合	（动）	fúhé	to accord with	부합하다.일치하다
5.	房租	（名）	fángzū	rent	집세
6.	空调	（名）	kōngtiáo	air conditioner	에어컨
7.	暖气	（名）	nuǎnqì	heating	스팀.난방기
8.	煤气	（名）	méiqì	coal gas	가스.석탄가스
9.	另	（副）	lìng	extra；another	다른.그 밖의.별도로
10.	付	（动）	fù	to pay	지불하다.교부하다
11.	嗯	（语气）	ń	eh	응!
12.	阳台	（名）	yángtái	balcony	베란다
13.	设施	（名）	shèshī	facility	시설
14.	满意	（形）	mǎnyì	to satisfy	흡족하다.만족하다
15.	房产证	（名）	fángchǎnzhèng	property ownership certificate	가옥의 권리증
16.	合同	（名）	hétóng	contract	계약.합의서
17.	仔细	（形）	zǐxì	careful	꼼꼼하다.세세하다
18.	签	（动）	qiān	to sign	사인하다
19.	中介费	（名）	zhōngjièfèi	intermediary's fee	중개료
20.	妻子	（名）	qīzi	wife	아내
21.	丈夫	（名）	zhàngfu	husband	남편
22.	嚷	（动）	rǎng	to shout；to claim	중얼거리다.소곤거리다

专　名		PROPER NOUN	고유명사
1. 巴黎	Bālí	Paris	빠리
2. 法郎	Fǎláng	Franc	프랑(화폐단위)

练习

第一部分　以下是根据第一段课文的问题

一、连续听两遍录音，边听边填空：

1. 您好，欢迎_____，请问，您想买房还是_____房？
2. 我租一_____学校_____的房子，最好是两室一厅。
3. 请稍等，我帮您_____一下，这儿有一套_____您条件的。
4. 这个价儿可不贵，这套房子里有家具、_____、暖气和_____。
5. 不_____，水费和电费要另_____。

二、再听一遍录音，判断正误：

1. 女的是商店的售货员。（　　）
2. 男的想买一套房子。（　　）
3. 男的觉得一个月1200块钱太贵了。（　　）
4. 房子里只有空调和煤气。（　　）
5. 除了房租，男的还要另付水费和电费。（　　）

三、再听一遍录音，请回答下列问题：

1. 男的想租一套什么样的房子？
2. 符合条件的房子一个月的房租是多少钱？
3. 男的觉得房租怎么样？
4. 房子里都有什么？
5. 他们什么时候可以看房子？

四、写下你听到的句子：

1. _____

2. _____。
3. _____。

第二部分 以下是根据第二段课文的问题

一、连续听两遍录音,边听边填空:

1. 这就是您要租的房子,有两个_____、一个_____。
2. 在北边的_____上。我带您看一下。
3. 您看,厨房_____也挺全的。您觉得_____吗?
4. 还可以,房产证和_____都带来了吗?
5. 带来了,您先_____看一遍,如果没有问题,请在这儿_____上名字。
6. _____还要再付五十元钱的_____。

二、再听一遍录音,判断正误:

1. 男的和女的一起在看房子。(   )
2. 房子里有两个卧室和两个客厅。(   )
3. 厨房在北边的阳台上。(   )
4. 男的必须半年付一次房租。(   )
5. 租房的中介费是五十元。(   )

三、再听一遍录音,请回答下列问题:

1. 房子有几个卧室?
2. 厨房在哪儿?
3. 男的对房子满意吗?
4. 支付房租的方式有哪些?
5. 男的需要另付的五十元是什么费用?

四、写下你听到的句子:

1. _____。
2. _____。
3. _____。

第二部分　以下是根据第三段短文的问题

请回答下列问题：

1. 妻子刚从哪里回来？
2. 妻子在巴黎的房租是多少钱？
3. 丈夫觉得巴黎的房租怎么样？
4. 妻子去了巴黎多长时间？
5. 这些天妻子在巴黎干什么了？

第四部分　HSK 模拟试题

根据录音及其问题，在 A、B、C、D 四个答案中选择唯一恰当的答案：

1. A. 1500 块中包括水费　　　　　B. 1500 块中包括电费
   C. 1500 块中包括水费和电费　　D. 1500 块中不包括水费和电费

2. A. 交通方便　　　　　B. 环境不错
   C. 房子很大　　　　　D. 适合老年人居住

3. A. 很关心女朋友　　　B. 很努力地工作
   C. 和女朋友结婚了　　D. 和女朋友分手了

4. A. 他在工作　　　　　B. 他已经毕业了
   C. 他的工作不太好　　D. 他觉得说话人的工作很好

5. A. 女的很放心　　　　B. 女的住在男的家
   C. 男的是女的男朋友　D. 女的想每月付一次房租

6. A. 教室　　　B. 房子　　　C. 煤气　　　D. 暖气

7. A. 他不会买那辆车 　　　　　　　B. 他觉得那辆车很帅
   C. 他觉得女的说得很对 　　　　　D. 他想知道买车的条件

8. A. 他每天都很忙 　　　　　　　　B. 他每天都很累
   C. 他回家后就玩儿 　　　　　　　D. 他回家后还工作

9. A. 他在找课本 　　　　　　　　　B. 他上课迟到了
   C. 他借了同学的书 　　　　　　　D. 他不知道怎么上课

10. A. 男的给女的买了衣服 　　　　　B. 男的觉得西装的颜色不好
    C. 男的觉得西装的样子挺好 　　　D. 男的觉得女的什么都不知道

第二十四课　我正在找工作呢

生词

1.	转眼	（动）	zhuǎnyǎn	in an instant	눈 깜짝할 사이.순식간에
2.	到处	（副）	dàochù	everywhere.	도처.가는 곳마다
3.	投	（动）	tóu	to cast；to deliver；throw	편지.원고.서류등을 넣다.보내다
4.	简历	（名）	jiǎnlì	resume	약력
5.	回信儿	（动）	huíxìnr	a letter in reply；response	회신.회답
6.	单位	（名）	dānwèi	unit	직장.회사
7.	招聘	（动）	zhāopìn	to recruit	공모하다.초빙하다
8.	经验	（名）	jīngyàn	experience	경험하다.겪다
9.	优秀	（形）	yōuxiù	outstanding	우수하다.
10.	肯定	（动、形）	kěndìng	to affirm；definite	틀림없이
11.	所	（量）	suǒ	quantifier	양사
12.	面试	（名、动）	miànshì	interview	면접시험
13.	地位	（名）	dìwèi	status；position	지위
14.	收入	（名）	shōurù	income	수입
15.	稳定	（形）	wěndìng	steady	안정적이다
16.	适合	（动）	shìhé	suitable for	적합하다.알맞다
17.	跳槽	（动）	tiàocáo	job-hopping	직업을 바꾸다
18.	外企	（名）	wàiqǐ	foreign enterprise	외자기업
19.	白领	（名）	báilǐng	white collar	사무직.화이트 칼라
20.	工资	（名）	gōngzī	salary	월급.급여
21.	笑话	（名）	xiàohua	joke	우스개소리
22.	比不上	（动）	bǐbùshàng	can't compare with	비교할 수 없다
23.	过奖	（动）	guòjiǎng	overpraise	과찬을 하다
24.	失眠	（动）	shīmián	insomnia	잠을 이루지 못하다

25. 安眠药 （名） ānmiányào sleeping pill　　　수면제

专　名		PROPER NOUN	고유명사
1.	国贸　Guómào	International trade	국제무역

练习

第一部分　以下是根据第一段课文的问题

一、连续听两遍录音，边听边填空：

1. 哎，时间过得真快，_____就要大学_____了，你工作找得怎么样了？
2. 我觉得今年的毕业生特别多，_____的工作_____不容易找到。
3. 你这么_____，肯定能找到好工作。
4. _____是这样！对了，别光说我了，你的工作_____得怎么样了？
5. 现在教师的_____很高，_____也很稳定，挺适合女孩子的！

二、再听一遍录音，判断正误：

1. 谈话的那两个人大学已经毕业了。（　　）
2. 男的正在忙着找工作，但是还没有找到。（　　）
3. 今年的毕业生很多，所以不容易找到理想的工作。（　　）
4. 女的觉得男的很优秀，肯定能找到好工作。（　　）
5. 女的不想当老师，但是没办法她才联系了几所学校。（　　）

三、再听一遍录音，请回答下列问题：

1. 谈话的两个人现在正忙着做什么？
2. 现在很多单位招聘的要求有哪些？高不高？
3. 女的工作联系得怎么样了？
4. 现在教师的工作怎么样？
5. 现在在你们国家找工作容易吗？为什么？

四、写下你听到的句子：

1. _____。
2. _____。
3. _____。

第二部分　以下是根据第二段课文的问题

一、连续听两遍录音，边听边填空：

1. 李林，好久不见了，你还在那家_____工作吗？
2. 你还不知道吗？我早就_____了！
3. 别_____我了，我只不过换了个工作，还不是给人家_____呀。
4. 你的_____没说的，我相信你一定会有很好的_____。
5. 谢谢！不过再怎么说我也_____您这个自己开公司的大老板！

二、再听一遍录音，判断正误：

1. 李林和女的最近刚见过面。（　　）
2. 女的知道李林早就换工作了，但是不知道他在哪儿工作。（　　）
3. 李林现在在一家贸易公司工作。（　　）
4. 李林现在的工资可能很高。（　　）
5. 女的是老板，她自己开一家公司。（　　）

三、再听一遍录音，请回答下列问题：

1. 从对话中我们知道，李林的工作最近怎么样？
2. 李林现在在什么公司工作，主要做什么？
3. 在国贸工作的人一般被叫做什么？为什么？
4. 李林的工作能力怎么样？
5. 你理想的工作是什么？

四、写下你听到的句子：

1. _____。

2. _____。
3. _____。

第二部分 以下是根据第三段短文的问题

请回答下列问题：

1. 短文中的那个人有什么习惯？
2. 他为什么去医院？在医院里他买了什么？
3. 吃了药以后他可能睡了多长时间？
4. 这一次他迟到了吗？
5. 他到公司以后老板说了什么？

第四部分 HSK 模拟试题

根据录音及其问题，在 A、B、C、D 四个答案中选择唯一恰当的答案：

1. A. 他来这个公司的时间不长　　B. 他很了解这个公司的事情
   C. 他不太了解这个公司的事情　　D. 他对这个公司的事情不感兴趣

2. A. 那位经理很了不起　　B. 那位经理真的很好
   C. 那位经理觉得自己很好　　D. 那位经理不知道自己怎么样

3. A. 他昨天晚上十一点才睡着
   B. 他吃了安眠药，所以起晚了
   C. 他昨天晚上睡了一会儿就起床了
   D. 他吃安眠药吃得太少，所以睡不着

4. A. 他的工作能力不好　　B. 他的工作能力很好
   C. 他的工作能力没什么好的　　D. 他的工作能力不知道怎么说

5. A. 他做什么都做不好　　　　　　　　B. 他一定要去卖房子
   C. 卖房子这个工作不好　　　　　　　D. 卖房子虽然辛苦,但是很好

6. A. 当大学老师最舒服　　　　　　　　B. 当大学老师最不舒服
   C. 别的工作都比当大学老师舒服　　　D. 当大学老师很舒服,但没意思

7. A. 她想吃安眠药　　　　　　　　　　B. 她问谁想吃安眠药
   C. 她不同意男的说的话　　　　　　　D. 她不想吃安眠药,可是没办法

8. A. 她跳槽了
   B. 她不在那家广告公司干了
   C. 她还在那家广告公司工作
   D. 她问男的为什么不在那家广告公司干了

9. A. 女的表示谦虚　　　　　　　　　　B. 男的想当女的老公
   C. 女的很聪明但不漂亮　　　　　　　D. 女的不聪明但很漂亮

10. A. 她问怎么告诉小王
    B. 她不想告诉小王他们要先走
    C. 她觉得不应该给小王打电话
    D. 她觉得应该告诉小王他们要先走

第二十五课　现代人越来越爱美了

生词

1.	现代	（名）	xiàndài	modern times	현대
2.	直	（形）	zhí	straight	곧다
3.	卷	（形）	juǎn	curly；wavy	머리카락이말린.곱슬인.
4.	发型	（名）	fàxíng	hairstyle	헤어스타일
5.	棕	（名）	zōng	brown	갈색
6.	歌星	（名）	gēxīng	singer	유명가수
7.	影星	（名）	yǐngxīng	movie star	유명배우
8.	形象	（名）	xíngxiàng	image	형상.형태
9.	时髦	（形）	shímáo	fashionable	유행의.유행하는
10.	理发师	（名）	lǐfàshī	barber；hairdresser	이발사.미용사
11.	酷	（形）	kù	cool	(구어상에서) 진짜 죽여 주는...
12.	提醒	（动）	tíxǐng	to awoke；to remind	일깨우다
13.	烫	（动）	tàng	to perm	파마하다
14.	染	（动）	rǎn	to dye	염색하다
15.	旅行团	（名）	lǚxíngtuán	travel party	여행단
16.	缺少	（动）	quēshǎo	to lack	...이 부족하다.모자라다
17.	炉子	（名）	lúzi	stove	화로.버너
18.	烤	（动）	kǎo	to bake	불을 쪼이다.굽다
19.	愿望	（名）	yuànwàng	hope	바람.소원.소망
20.	制造	（动）	zhìzào	to manufacture	제조하다.만들다
21.	将军	（名）	jiāngjūn	general	장군
22.	指挥	（动）	zhǐhuī	to conduct	지휘하다
23.	军队	（名）	jūnduì	army	군대
24.	天真	（形）	tiānzhēn	innocent	천진하다.순진하다

| 25. | 布娃娃 | （名） | bùwáwá | cloth doll | 헝겊인형 |
| 26. | 心愿 | （名） | xīnyuàn | wish | 소망.염원 |

专　名	PROPER NOUN	고유명사
1. 圣诞节	Shèngdàn Jié　Christmas Day	성탄절

练习

第一部分　以下是根据第一段课文的问题

一、连续听两遍录音，边听边填空：

1. 王姐，你发现了没有，现代人越来越_____了。
2. 特别是那些歌星、影星_____，几乎每天都换新_____。
3. 哪一天我也去变一变，时髦一回，只_____我的头发太_____了。
4. 好啊，我一定_____个最酷的，而且每个月都_____一次。
5. 不过，我可得_____你啊，烫发、染发对头发和身体都没有_____！

二、再听一遍录音，判断正误：

1. 女的没有发现现代人越来越爱美了。（　　）
2. 女的觉得现代人头发的发型和颜色都很多。（　　）
3. 女的也想去变一变发型，但是她的头发太短了。（　　）
4. 男的想选一个比较酷的发型。（　　）
5. 女的觉得烫发、染发对身体没什么坏处。（　　）

三、再听一遍录音，请回答下列问题：

1. 从哪些方面可以看出现代人越来越爱美了？
2. 男的想去做什么？
3. 现在流行什么美发？
4. 染发、烫发对身体有什么影响？

5. 你常常去美容店吗？对发型有没有讲究？

四、写下你听到的句子：

1. _____。
2. _____。
3. _____。

第二部分　以下是根据第二段课文的问题

一、连续听两遍录音，边听边填空：

1. 这从哪儿猜起啊？_____是去旅游了吧？
2. 你只猜对了一半儿，我是一边旅游，一边_____。
3. _____我发现你的汉语说得更流利了呢？
4. 而且你还做了一次_____旅游，多_____啊！
5. 是吗？这么说，我得经常_____太阳。

二、再听一遍录音，判断正误：

1. 女的和大佑已经一个月没有见面了。（　　）
2. 大佑前几天一边旅游，一边挣钱去了。（　　）
3. 大佑的汉语说得比以前更流利了。（　　）
4. 女的觉得大佑比以前白了，看起来也更健康了。（　　）
5. 大佑不喜欢黑色的皮肤。（　　）

三、再听一遍录音，请回答下列问题：

1. 朴大佑前几天去哪儿了？
2. 他为什么能一边旅游，一边挣钱？
3. 朴大佑旅游回来以后有什么变化？
4. 女的觉得这样的变化怎么样？
5. 你在中国旅行过吗？去了哪些地方？

四、写下你听到的句子：

1. _____。

2. _____。
3. _____。

第三部分　以下是根据第三段短文的问题

请回答下列问题：

1. 为什么父亲让孩子们说出他们自己的愿望？
2. 大儿子的愿望是什么？
3. 二儿子的愿望是什么？
4. 小女儿的愿望是什么？

第四部分　HSK 模拟试题

根据录音及其问题，在 A、B、C、D 四个答案中选择唯一恰当的答案：

1. A. 只是因为人长得漂亮
   B. 只是因为她歌唱得很好
   C. 人长得漂亮，歌唱得也很好
   D. 人长得不漂亮，但是歌唱得很好

2. A. 黑色　　　　B. 棕色　　　　C. 黄色　　　　D. 红色

3. A. 他也想穿时髦的衣服
   B. 他觉得别人穿得不漂亮
   C. 他觉得自己比别人都时髦
   D. 他问别人自己哪一天去买衣服

4. A. 他打算下个月去旅行
   B. 他是自己去四川旅行的
   C. 他觉得跟旅行团一起旅行没有意思

D. 他觉得旅行虽然累，但是很有意思

5. A. 他觉得当医生不好，收入不高
   B. 他觉得当医生很好，可是收入不高
   C. 他觉得当医生收入很高，所以想做这种工作
   D. 他觉得当医生很好，可是很辛苦，他不想当医生

6. A. 女的觉得当演员不好
   B. 男的觉得当演员不累
   C. 男的问女的当演员为什么好
   D. 男的觉得当演员没有自己的时间

7. A. 帅哥不会花心　　　　　　B. 他同意女的的观点
   C. 他觉得自己也是帅哥　　　D. 他觉得帅哥不好说话

8. A. 只漂亮，不太干净
   B. 不是很漂亮，但是很干净
   C. 又漂亮又干净，空气也很好
   D. 又漂亮又干净，但是空气有点儿差

9. A. 张明大概在路上　　　　　B. 张明没有准备来这儿
   C. 张明没有给他打电话　　　D. 张明在回宿舍的路上

10. A. 男的想问女的为什么不放盐
    B. 男的说这个菜吃起来很有味
    C. 男的明白了为什么这个菜没有味道
    D. 男的不明白这个菜为什么没有味道

第二十六课　我要托运这个行李

生词

1.	保险	（名）	bǎoxiǎn	insurance	보험
2.	柜台	（名）	guìtái	counter	계산대
3.	登机	（动）	dēngjī	to board	비행기에 탑승하다
4.	手续	（名）	shǒuxù	procedure；formality	수속하다
5.	托运	（动）	tuōyùn	to consign；to check	운송을 위탁하다.탁송하다
6.	超重	（动）	chāozhòng	overweight	중량을 초과하다
7.	装	（动）	zhuāng	to put	담다.물건등을 싣다
8.	矿泉水	（名）	kuàngquán shuǐ	mineral water	광천수
9.	起飞	（动）	qǐfēi	to take off	이륙하다
10.	正点	（动）	zhèngdiǎn	on schedule	정시(차량.선박.비행기등의 예정시간)
11.	推迟	（动）	tuīchí	to postpone	미루다.연기하다
12.	收听	（动）	shōutīng	to listen to	청취하다
13.	领取	（动）	lǐngqǔ	to draw；to get	수령하다(소포.물품등)
14.	乘客	（名）	chéngkè	passenger	승객
15.	免得	（连）	miǎnde	so as not to make	…하지 않도록
16.	周到	（形）	zhōudào	thoughtful	주도면밀하다.빈틈없다
17.	延误	（动）	yánwù	delay	질질 끌어 시기를 놓치다
18.	城市	（名）	chéngshì	city	도시
19.	阳光	（名）	yángguāng	sunshine	햇볕
20.	明媚	（形）	míngmèi	bright and beautiful	맑고 아름답다
21.	眼看	（副）	yǎnkàn	soon	곧.금새.삽시간에
22.	仍然	（副）	réngrán	still	여전히.변함없이

专　　名		PROPER NOUN	고유명사
1.	仁川 Rénchuān	Incheon	인천
2.	新加坡 Xīnjiāpō	Singapore	싱가폴
3.	韩国 Hánguó	S. Korea	한국

练习

第一部分　以下是根据第一段课文的问题

一、连续听两遍录音，边听边填空：

1. 请问在哪儿可以买_____？
2. 请到_____边那个_____买。
3. 对，请出示一下您的_____和_____。
4. 我要_____这个_____。
5. _____您把这个包打开，这个_____里装着什么东西？

二、再听一遍录音，判断正误：

1. 女的在商店买东西。（　　）
2. 前面那个柜台卖保险。（　　）
3. 男的要看女的护照和机票。（　　）
4. 女的不能托运行李，因为她的行李超重了。（　　）
5. 女的包里有一瓶矿泉水。（　　）

三、再听一遍录音，请回答下列问题：

1. 女的想要买什么？
2. 女的要去哪儿？
3. 男的要女的出示什么？
4. 女的要交的120元是什么费用？
5. 瓶子里装的是什么？

四、写下你听到的句子：

1. _____。
2. _____。
3. _____。

第二部分　以下是根据第二段课文的问题

一、连续听两遍录音，边听边填空：

1. 快到_____的时间了,怎么还不_____我们登机？
2. 飞机现在在新加坡,因为天气原因_____起飞,请您注意_____机场的广播。
3. 刚接到通知,飞机 11 点起飞。请你们到服务台_____免费的_____。
4. 上飞机以前给_____打个电话吧,_____他们着急。
5. 你想得真_____,我_____就给他们打。

二、再听一遍录音，判断正误：

1. 快到起飞时间了,可是没有人通知男的登机。（　　）
2. 飞往仁川的飞机坏了,所以不能正点起飞。（　　）
3. 飞机 11 点起飞。（　　）
4. 免费的饮料在餐厅。（　　）
5. 男的觉得应该给爸爸妈妈打个电话。（　　）

三、再听一遍录音，请回答下列问题：

1. 男的要坐飞往哪儿的飞机？
2. 飞机现在在哪儿？
3. 飞机为什么不能正点起飞？
4. 男的要去几号登机口登机？
5. 男的为什么觉得应该给父母打电话？

四、写下你听到的句子：

1. _____。

2. _____。
3. _____。

第三部分　以下是根据第三段短文的问题

请回答下列问题：

1. 坐飞机的时候，如果天气不好会怎么样？
2. "我"回哪里的时候碰到了飞机晚点？
3. 那次飞机晚了几个小时？
4. "我"朋友坐飞机的时候遇到了什么事？
5. "我"的朋友是怎么办的？

第四部分　HSK 模拟试题

根据录音及其问题，在 A、B、C、D 四个答案中选择唯一恰当的答案：

1. A. 今天很可惜　　　　　　B. 旅游很可惜
   C. 今天天气很好　　　　　　D. 今天不去旅游

2. A. 飞机坏了　　　　　　　B. 飞机是新的
   C. 飞机到新加坡了　　　　　D. 飞机因为天气不好晚点了

3. A. 1 点　　　B. 2 点　　　C. 3 点　　　D. 4 点

4. A. 送给男的礼物了　　　　　B. 收到礼物高兴极了
   C. 收到男的送的礼物了　　　D. 因为不高兴所以没说话

5. A. 男的想买矿泉水　　　　　B. 女的和男的是好朋友
   C. 女的不用花钱买矿泉水　　D. 男的不知道矿泉水多少钱

6. A. 男的想去看电影　　　　　　　B. 男的已经买了票
   C. 女的可能要加班　　　　　　　D. 女的没有准备加班

7. A. 有雨　　　　　　　　　　　　B. 晴天
   C. 快下雨了　　　　　　　　　　D. 快晴天了

8. A. 冰箱放不下东西了　　　　　　B. 男的买的食物不好
   C. 女的让男的再买一个冰箱　　　D. 女的让男的帮他放东西

9. A. 男的和女的刚认识不久　　　　B. 女的想谢谢男的
   C. 男的和女的都很忙　　　　　　D. 最后男的答应让女的请客了

10. A. 他们在等火车　　　　　　　　B. 他们想坐飞机
    C. 他们在等飞机　　　　　　　　D. 他们在火车上聊天

第二十七课　她打针的胳膊发炎了

生词

1.	发炎	（名、动）	fāyán	inflammation	염증을 일으키다
2.	一般来说		yībānláishuō	generally speaking	일반적으로 말하자면
3.	预防	（动）	yùfáng	to prevent	예방하다
4.	当天	（名）	dāngtiān	the same day	당일
5.	洗澡	（动）	xǐzǎo	to take a bath	목욕하다
6.	肿	（动）	zhǒng	to swollen	붓다.부어오르다
7.	包	（名）	bāo	swelling	물체나 몸에 난 혹.종기.물집
8.	擦	（动）	cā	to wipe	마찰하다.약을 바르다
9.	消毒	（动）	xiāodú	to disinfect	소독하다
10.	习惯	（名、动）	xíguàn	used to	습관
11.	捎	（动）	shāo	to pass on	인편에 가져가거나 가져오다
12.	袋	（量）	dài	bag	부대.자루.주머니
13.	面包	（名）	miànbāo	bread	빵
14.	早餐	（名）	zǎocān	breakfast	아침식사
15.	营养	（名）	yíngyǎng	nutrition	영양
16.	严厉	（形）	yánlì	severe	준엄하다.매섭다
17.	缺课		quē kè	to be absent from school	강의에 빠지다.결석하다
18.	听讲	（动）	tīngjiǎng	listen to the talk/lecture	강의를 듣다
19.	提问	（动）	tíwèn	questions	(주로 교사가) 질문하다
20.	生气	（动）	shēngqì	angry	화내다
21.	请假	（动）	qǐngjià	to ask for leave	휴가를 신청하다
22.	替	（动）	tì	to take the place of	을 대신하다
23.	以为	（动）	yǐwéi	thought	...라고 여기다

24. 继续　（动）　jìxù　　　　to continue　　　　계속하다

第一部分　以下是根据第一段课文的问题

一、连续听两遍录音，边听边填空：

1. 最近她身体不_____。
2. 不是生病，是前几天她去医院_____，回来以后打针的胳膊_____了。
3. _____，打针是不会发炎的，可是海伦打的是_____感冒的针。
4. 医生告诉她打完针以后，_____是不能_____的，可是她忘了。
5. 她胳膊上_____了一个大包，又红又疼，每天除了擦药_____，还要吃消炎药呢。

二、再听一遍录音，判断正误：

1. 李知恩要去医院。（　　）
2. 海伦生病了，所以最近常常去医院。（　　）
3. 海伦打的是退烧针。（　　）
4. 海伦打完针以后忘了洗澡了。（　　）
5. 海伦现在还要吃药。（　　）

三、再听一遍录音，请回答下列问题：

1. 女的要去干什么？
2. 海伦为什么身体不舒服？
3. 海伦哪儿发炎了？
4. 海伦为什么会发炎？
5. 海伦现在每天要怎么做？

四、写下你听到的句子：

1. _____。

2. _____。
3. _____。

第二部分 以下是根据第二段课文的问题

一、连续听两遍录音,边听边填空:

1. 听说下午你要去_____,能帮我_____点儿东西回来吗?
2. 我想买一斤_____,两斤_____,还想买瓶矿泉水。
3. 早餐只吃面包_____可不_____啊!
4. 买那么多东西_____着回来太_____了。
5. 这是_____和_____,谢谢你啦!

二、再听一遍录音,判断正误:

1. 女的想让男的帮她买东西。(　　)
2. 女的要买一斤鸡蛋和两斤苹果。(　　)
3. 女的下星期的早餐可能是面包和鸡蛋。(　　)
4. 超市很远。(　　)
5. 女的把自行车借给男的,让他骑车去超市。(　　)

三、再听一遍录音,请回答下列问题:

1. 男的下午要去哪儿?
2. 女的想让男的帮她捎什么东西?
3. 女的下星期的早餐是什么?
4. 男的想怎么去超市?
5. 女的为什么要借给男的自行车用?

四、写下你听到的句子:

1. _____。
2. _____。
3. _____。

第三部分　以下是根据第三段短文的问题

请回答下列问题:

1. 新来的老师怎么样?
2. 新老师不喜欢什么样的学生?
3. 王小明为什么不会回答问题?
4. 最后老师让王小明干什么?

第四部分　HSK 模拟试题

根据录音及其问题,在 A、B、C、D 四个答案中选择唯一恰当的答案:

1. A. 她正在吃包子　　　　　　B. 她的胳膊发炎了
   C. 她的手又红又疼　　　　　D. 她买了一个红色的包

2. A. 擦药　　　B. 消毒　　　C. 吃药　　　D. 打针

3. A. 想去超市　　　　　　　　B. 想买鸡肉
   C. 想少要一点儿鸡蛋　　　　D. 想让小刘帮他买鸡蛋

4. A. 说话人买了两种东西
   B. 说话人下周的早饭会吃面包
   C. 说话人的早饭吃了鸡蛋和面包
   D. 说话人买了苹果、鸡蛋、面包和早餐

5. A. 说话人不想遇到困难
   B. 说话人遇到了很大的困难
   C. 说话人不知道遇到了什么困难
   D. 说话人即使遇到再大的困难也不怕

6. A. 男的早饭不吃鸡蛋　　　　　　B. 男的早饭吃面包和鸡蛋
   C. 男的早饭吃的面包不够了　　　D. 男的早饭只有面包,没有鸡蛋

7. A. 中午他吃了饺子
   B. 中午他想吃馒头
   C. 中午男的本来不想吃饺子
   D. 中午买包子需要排队,他觉得麻烦

8. A. 他想骑车去　　　　　　　　　B. 他不想拿东西
   C. 他觉得骑车很累　　　　　　　D. 他觉得走着不累

9. A. 女的借了男的的书　　　　　　B. 男的想让女的去书店
   C. 女的可能去了书店买书　　　　D. 男的不想让女的去买书

10. A. 因为外边太吵　　　　　　　　B. 因为他刚起床
    C. 因为来电话了　　　　　　　　D. 因为女的叫他了

第二十八课　父母可以成为孩子的朋友

生词

1.	尊重	（动）	zūnzhòng	to respect	존중하다
2.	培训班	（名）	péixùnbān	training class	양성반.훈련반
3.	负担	（名、动）	fùdān	burden; to burden	부담
4.	集邮	（动）	jíyóu	stamp collecting	우표수집
5.	收集	（动）	shōují	to collect	수집하다
6.	邮票	（名）	yóupiào	stamp	우표
7.	批评	（动、名）	pīpíng	criticism; to criticize	비평하다
8.	沟通	（动）	gōutōng	to communicate	소통하다
9.	代沟	（名）	dàigōu	generation gap	세대차이
10.	理解	（动、名）	lǐjiě	understanding; to understand	이해하다
11.	平等	（形）	píngděng	equal	평등하다
12.	对待	（动）	duìdài	to treat	대하다.대처하다
13.	调查	（名、动）	diàochá	investigation; to investigate	조사하다
14.	报告	（名、动）	bàogào	report; to report	보고하다
15.	采访	（动）	cǎifǎng	to interview	취재하다
16.	书法	（名）	shūfǎ	calligraphy	서예.서도의 필법
17.	国画	（名）	guóhuà	traditional chinese painting	중국화.동양화
18.	俗语	（名）	súyǔ	vulgarism; folk adage	속담.속어
19.	活到老,学到老		Huódàolǎo, xuédàolǎo	one is never too old to learn	늙어 죽을 때까지 배움은 끝나지 않는다(배움의 길은끝이 없다)
20.	思想	（名）	sīxiǎng	idea; thought	사상.생각

21.	挺	（副）	tǐng	quitly	매우.아주.대단히
22.	尾巴	（名）	wěiba	tail	꼬리
23.	尖	（名）	jiān	top	뾰족한 윗부분
24.	追	（动）	zhuī	to chase；to go after	쫓아가다.추구하다

练习

第一部分 以下是根据第一段课文的问题

一、连续听两遍录音，边听边填空：

1. 王姐，你们家天天应该10岁了吧？在家里_____您的_____吗？
2. 现在很多家长都喜欢给孩子_____参加各种培训班。
3. 在我看来，这要看孩子自己有没有_____。
4. 那孩子做错事的时候也得_____吧？
5. 对了，好像现在有句话特别_____，叫做"父母可以_____孩子的朋友"。

二、再听一遍录音，判断正误：

1. 天天是个不太听话的孩子。（   ）
2. 从对话中我们知道，女的没有给她的孩子很大的压力。（   ）
3. 女的从来没有批评过她的孩子。（   ）
4. 天天喜欢集邮，所以她的妈妈也帮助他集邮。（   ）
5. 女的认为孩子和父母不可能有沟通，因为他们有代沟。（   ）

三、再听一遍录音，请回答下列问题：

1. 男的认为现在的家长是怎么教育孩子的？
2. 女的对于教育孩子的方式有什么自己的看法？
3. 根据对话的内容，介绍天天的情况（包括年龄、爱好、性格等）。
4. 男的认为怎样才能让孩子更快乐地成长？
5. 在你们国家，父母和孩子的关系怎样？父母怎样教育孩子？

四、写下你听到的句子：

1. _____。
2. _____。
3. _____。

第二部分　以下是根据第二段课文的问题

一、连续听两遍录音，边听边填空：

1. 知恩，口语老师_____的调查作业你完成了吗？
2. 你的_____够快的。是去哪儿_____的？
3. 我看老年大学真是他们_____的好地方。
4. 对，你说的这个意思用一句汉语的_____怎么说_____？
5. 他们中很多人都说："人_____了，思想不能_____啊！"

二、再听一遍录音，判断正误：

1. 李知恩还没有做完口语老师布置的调查作业。（　　）
2. 李知恩一个人去了一所老年大学作了调查报告。（　　）
3. 在老年大学里，老人们可以练书法、画画、下棋、聊天儿等。（　　）
4. 老人们只把老年大学当作玩儿的好地方。（　　）
5. 男的觉得老年大学很不错，他以后也想去。（　　）

三、再听一遍录音，请回答下列问题：

1. 李知恩的口语老师给他们布置了什么调查作业？
2. 在老年大学里，老人们都可以做什么？
3. 对于老人来说，老年大学是个什么样的地方？
4. 对话中的"活到老，学到老"是什么意思？
5. 简单介绍一下儿你们国家退休老人的生活情况。

四、写下你听到的句子：

1. _____。

2. _____。
3. _____。

第三部分　以下是根据第三段短文的问题

请回答下列问题：

1. 小狗的妈妈告诉它幸福是什么？
2. 小狗为了得到幸福，它是怎么做的？
3. 那只小狗觉得自己得到幸福了吗？
4. 这篇短文告诉了我们什么道理？

第四部分　HSK模拟试题

根据录音及其问题，在A、B、C、D四个答案中选择唯一恰当的答案：

1. A. 说话人的老毛病很多　　　　　B. 人老了，身体越来越好
   C. 人老了，老毛病就少了　　　　D. 人老了，身体越来越不好

2. A. 小明很不听话　　　　　　　　B. 小明很生气
   C. 小明问他们说什么　　　　　　D. 小明的父母去世了

3. A. 说话人觉得可以跟他结婚
   B. 说话人觉得跟他结婚不能得到幸福
   C. 说话人觉得虽然他性格不好，但是可能也能幸福
   D. 说话人觉得虽然他工作不好，但是可能也能幸福

4. A. 人应该互相尊重　　　　　　　B. 有些人你不需要尊重
   C. 别人尊重你，你才能尊重别人　D. 你尊重别人，别人也不会尊重你

5. A. 你应该和同事多交流

B. 你应该平等地对待每一位同事
C. 你应该和你喜欢的同事多交流
D. 对待不同的同事应该有不同的态度

6. A. 女的和她老伴儿都不用工作了
   B. 女的和她老伴儿家很远
   C. 女的和她老伴儿家里很忙
   D. 女的和她老伴儿每天上午去公园散步

7. A. 女的爸爸早就退休了　　　　B. 女的爸爸看起来很老
   C. 女的爸爸看起来比较年轻　　D. 女的爸爸已经六十多岁了

8. A. 丽丽工作五六年了
   B. 那个小伙子都二十五六岁了
   C. 女的想给丽丽介绍一个男朋友
   D. 女的认识的那个小伙子是卖电脑的

9. A. 女的说她要去很远的国家
   B. 女的说她出国的事儿还早呢
   C. 女的问男的什么时候才能出国
   D. 女的说她已经办好了出国的手续

10. A. 男的昨天去一个小学采访了
    B. 学生们觉得和父母之间没有矛盾
    C. 学生们觉得现在的学习压力并不大
    D. 学生们觉得他们不能和父母进行很好的交流

第二十九课　我们要去教学实习

生词

1.	教学	（名、动）	jiàoxué	to teach；teaching	가르치다
2.	实习	（名、动）	shíxí	exercitation；to practice	실습하다
3.	路线	（名）	lùxiàn	route；course	로선
4.	天堂	（名）	tiāntáng	paradise.	천당.낙원
5.	说法	（名）	shuōfǎ	statement	표현.논법.논조
6.	功夫	（名）	gōngfu	skill of Chinese boxing and sword play	시간
7.	交流	（动、名）	jiāoliú	to exchange	교류하다
8.	感受	（名、动）	gǎnshòu	feeling；to feel	느끼다.받다
9.	简直	（副）	jiǎnzhí	simply	정말로.확실히
10.	极了		jí le	extremely	대단히...하다
11.	蹦	（动）	bèng	to jump	뛰다.튀어오르다
12.	跳	（动）	tiào	to jump；to bounce	뛰다.도약하다
13.	高声	（形）	gāoshēng	loudness	고성
14.	语音室	（名）	yǔyīnshì	pronunciation room	어학실
15.	操场	（名）	cāochǎng	playground	운동장
16.	聪明	（形）	cōngmíng	clever	총명하다
17.	展示	（动）	zhǎnshì	to bring forth；to show	전시하다
18.	才艺	（名）	cáiyì	intelligence and art	재주.솜씨
19.	绘画	（名）	huìhuà	painting	회화(그림)
20.	武术	（名）	wǔshù	wushu；martial art	무술
21.	开心	（形）	kāixīn	happy	유쾌하다.기분전환하다
22.	收获	（名）	shōuhuò	to harvest	수확
23.	首先	（副、连）	shǒuxiān	at first	우선.먼저
24.	复杂	（形）	fùzá	complicated	복잡하다

25.	其次	（代）	qícì	secondly	그 다음.두 번째로
26.	友好	（形）	yǒuhǎo	friendly	우호적이다
27.	总之	（连）	zǒngzhī	in a word	요컨대.결국

专 名		PROPER NOUN	고유명사
1.	杭 州	Hángzhōu — Hangzhou	항주
2.	苏 州	Sūzhōu — Suzhou	소주
3.	上 海	Shànghǎi — Shanghai	상해
4.	西 安	Xī'an — Xi'an	서안
5.	洛 阳	Luòyáng — Luoyang	낙양
6.	少林寺	Shàolín Sì — Shaolin Temple	소림사
7.	英 国	Yīngguó — Britain	영국
8.	西班牙	Xībānyá — Spain	스페인
9.	南 京	Nánjīng — Nanjing	남경

练习

第一部分　以下是根据第一段课文的问题

一、连续听两遍录音，边听边填空：

1. 罗伯特，我看到一楼有一个_____，我们留学生要去教学_____。
2. _____选择一条路线，你_____选择哪条？
3. 听说苏州和杭州_____很美，有"上有天堂，下有苏杭"的_____，我去苏州、杭州吧。
4. 我们去不同的地方，到时候我们都多_____点儿照片，回来后再_____一下儿旅游的感受吧。
5. 你_____了？现在就可以去_____报名了。

二、再听一遍录音，判断正误：

1. 罗伯特看到一楼有一个留学生要去教学实习的通知。（　　）

2. 他们今年有三条路线可以选择。（　　）
3. 罗伯特要去苏州、杭州。（　　）
4. 女的要去西安和少林寺。（　　）
5. 他们明天一起去办公室报名。（　　）

三、再听一遍录音，请回答下列问题：

1. 今年他们留学生教学实习的路线有几条？具体的路线是什么？
2. 罗伯特为什么要选择去苏州、杭州？
3. 女的为什么选择去西安和洛阳？
4. 他们想在旅行的时候做什么？为什么要这样做？
5. 你对中国的旅游城市了解吗？了解多少？

四、写下你听到的句子：

1. _____。
2. _____。
3. _____。

第二部分　以下是根据第二段课文的问题

一、连续听两遍录音，边听边填空：

1. 看你这_____的样子，有什么喜事吗？
2. 张明，你知道吗？今天上午我们留学生一起去_____中国的小学了。
3. 刚进_____的时候，我看见孩子们正_____那儿等我们。
4. 他们太_____了，而且很聪明！他们给我们_____了很多才艺呢！
5. 我们边看边聊，真_____！

二、再听一遍录音，判断正误：

1. 张明他们今天上午参观了中国的一个中学。（　　）
2. 女的感觉这次的参观活动非常棒。（　　）
3. 女的他们这次没有参观这个学校的操场。（　　）
4. 孩子们给留学生展示了很多才艺，比如唱歌、武术什么的。（　　）

5. 张明不明白女的为什么这么高兴。（   ）

三、再听一遍录音,请回答下列问题：

1. 女的为什么这么兴奋？
2. 女的他们刚进校门的时候,看见了什么？
3. 女的他们参观了那个小学的什么地方？
4. 他们参观完以后,又做了什么？

四、写下你听到的句子：

1. _____。
2. _____。
3. _____。

第三部分　以下是根据第三段短文的问题

请回答下列问题：

1. 这个留学生在中国待了多长时间了？
2. 在中国留学的生活中,他都有什么收获？
3. 他有哪些外国朋友？他们常常在一起做什么？
4. 他去了中国的哪些地方旅行？
5. 他喜欢中国的生活吗？你呢？

第四部分　HSK 模拟试题

根据录音及其问题,在 A、B、C、D 四个答案中选择唯一恰当的答案：

1. A. 说话人问哪一次教学实习最好
   B. 说话人觉得今年的教学实习最好
   C. 说话人觉得以前的教学实习最好
   D. 说话人觉得以前的教学实习和今年的一样好

2. A. 张明不喜欢风景照
   B. 张明很喜欢去旅行
   C. 张明喜欢照相,特别喜欢和朋友合影
   D. 张明可能拍了很多地方有特色的风景照

3. A. 说话人问你在看什么　　　　　B. 说话人觉得你不应该看
   C. 说话人问你见过夫妻闹矛盾吗　D. 说话人问他们夫妻闹了什么矛盾

4. A. 说话人今天心情很好　　　　　B. 说话人觉得一切都不好
   C. 说话人觉得今天天气不好　　　D. 今天天气不好,但是说话人心情很好

5. A. 男的问他唱得哪儿好　　　　　B. 男的说他一唱歌就呕吐
   C. 男的说他自己唱得不好　　　　D. 男的说他自己唱得很好

6. A. 大佑的中国功夫练错了　　　　B. 大佑的老师教得不太好
   C. 大佑的中国功夫比他的老师还好　D. 大佑的老师的中国功夫比他的好多了

7. A. 男的当然去过杭州　　　　　　B. 男的不能去杭州旅行
   C. 男的问女的在说什么　　　　　D. 男的觉得杭州不应该去

8. A. 男的说女的应该生气　　　　　B. 男的问女的为什么这么生气
   C. 男的说女的不需要这么生气　　D. 男的不让女的给张明打电话

9. A. 女的以前没好好儿学习,现在后悔了
   B. 女的以前不是每天跟朋友玩,而是每天去喝酒
   C. 男的问女的为什么后悔,而且劝她以后要努力学习
   D. 男的说你不用学习了,因为快回国了,学习也没有用

10. A. 男的觉得女的说得不对
    B. 男的觉得现在孩子们学习都很好
    C. 女的觉得现在的孩子会的东西很多
    D. 女的觉得现在的孩子不如他们小时候聪明

第三十课　你是不是南方人

生词

1.	口音	（名）	kǒuyīn	accent	발음.말소리.사투리
2.	猜	（动）	cāi	to guess	추측하다.알아 맞추다
3.	差别	（名）	chābié	difference	차이.구별.격차
4.	湿润	（形）	shīrùn	moist	촉촉하다.습윤하다
5.	干燥	（形）	gānzào	dry	건조하다.따분하다
6.	矮小	（形）	ǎixiǎo	short and small	왜소하다
7.	皮肤	（名）	pífū	skin	피부
8.	强壮	（形）	qiángzhuàng	strong	건장하다.튼튼하다
9.	接触	（动）	jiēchù	to contact	접촉하다
10.	细心	（形）	xìxīn	careful	세심하다
11.	精明	（形）	jīngmíng	shrewd	세심하고 영리하다
12.	粗心	（形）	cūxīn	careless	세심치 못하다.부주의하다
13.	豪爽	（形）	háoshuǎng	straight forward	호쾌하다.시원시원하다
14.	舍不得	（动）	shěbude	unwilling	아쉽다.섭섭하다
15.	好客	（形）	hàokè	hospitable	손님 접대를 좋아하다
16.	事业	（名）	shìyè	undertaking	사업
17.	主妇	（名）	zhǔfù	housewife	주부
18.	强人	（名）	qiángrén	strong man；powerfull man	강한 사람
19.	差异	（名）	chāyì	difference	차이
20.	招待	（动）	zhāodài	to serve；to entertain	초대하다
21.	客人	（名）	kèrén	guest	손님
22.	摆	（动）	bǎi	to put	늘어놓다.진열하다
23.	劝	（动）	quàn	to try to persuade	권하다

24. 浪费	（动）	làngfèi	to waste	낭비하다
25. 谦虚	（形）	qiānxū	modest	겸손.겸허하다
26. 误会	（名）	wùhuì	misunderstanding	오해하다

第一部分　以下是根据第一段课文的问题

一、连续听两遍录音，边听边填空：

1. 张明，听_____，你是不是南方人？
2. 那除了说话以外，你觉得南方和北方还有什么_____吗？
3. 你对北方人和南方人的_____有没有_____？
4. 我听说南方人比较_____、精明；北方人就_____粗心一点儿，性格很豪爽。
5. 你说得太对了！真是没_____在中国_____这么长时间！

二、再听一遍录音，判断正误：

1. 张明说话的时候有口音。（　　）
2. 南方的空气比北方的潮湿一些。（　　）
3. 南方人比较黑，也比较矮，但是比北方人强壮。（　　）
4. 女的跟北方人接触比较少，跟南方人接触比较多。（　　）
5. 张明觉得女的说得很对，因为女的在中国呆了很长时间了。（　　）

三、再听一遍录音，请回答下列问题：

1. 张明的普通话怎么样？
2. 女的是怎么知道张明是南方人的？
3. 南方和北方的气候有什么差别？
4. 女的对南方人和北方人的印象是什么样的？
5. 从对话中，你知道南方人和北方人的性格有什么差别吗？

四、写下你听到的句子：

1. _____。
2. _____。
3. _____。

第二部分 以下是根据第二段课文的问题

一、连续听两遍录音，边听边填空：

1. 知恩，快回国了，是不是很_____离开中国？
2. 没事儿，以后有_____再来中国就是了。
3. 这个想法不错。说说看，你喜欢中国哪些_____呢？
4. 如果我能在这里找到_____好工作的话，在_____上会有很多成功的机会。
5. 你不打算做家庭主妇了？看来你打算做_____啊！

二、再听一遍录音，判断正误：

1. 李知恩很想快点儿回国。（   ）
2. 李知恩回国以后再也不回来了，因为她不喜欢中国。（   ）
3. 李知恩觉得中国的经济发展很快。（   ）
4. 李知恩打算做家庭主妇，不想工作。（   ）

三、再听一遍录音，请回答下列问题：

1. 李知恩为什么舍不得离开中国？
2. 李知恩回国以后还回来吗？为什么？
3. 李知恩喜欢中国的哪些方面？
4. 李知恩为什么想在中国找工作？
5. 谈谈你对中国的印象。

四、写下你听到的句子：

1. _____。
2. _____。

3. _____。

第三部分　以下是根据第三段短文的问题

请回答下列问题:

1. 中国文化和西方文化有没有差异?
2. 为什么中国人吃饭的时候喜欢饭菜摆满一大桌子?
3. 为什么别人夸奖自己的时候,中国人会说"哪里,哪里"?
4. 你了解中国的文化吗?

第四部分　HSK 模拟试题

根据录音及其问题,在 A、B、C、D 四个答案中选择唯一恰当的答案:

1. A. 他是北方人　　　　　　　　B. 他是小时候去过南方
   C. 他现在生活在南方　　　　　D. 他觉得北方的气候很干燥

2. A. 皮肤很黑,一点儿也不帅
   B. 皮肤很黑,但是显得很帅
   C. 皮肤有点儿黑,但是显得不健康
   D. 皮肤有点儿黑,但是显得很健康

3. A. 说话人是南方人
   B. 说话人是北方人
   C. 说话人常常把"四十"读成"十四"
   D. 说话人常常把"十四"读成"四十"

4. A. 小王在公司工作　　　　　　B. 小王是大学老师
   C. 说话人每天想着换工作　　　D. 说话人觉得在公司工作很好

5. A. 他刚来中国不久
   B. 他觉得"哪里,哪里"是他去哪儿
   C. 他现在明白了"哪里,哪里"的意思
   D. 他以前就很了解中国文化

6. A. 女的是北方人
   B. 女的不喜欢吃馒头
   C. 男的一定是南方人
   D. 女的因为在北方待的时间长,所以习惯吃馒头了

7. A. 女的不是北京人　　　　　B. 女的说话时,"儿"很多
   C. 听男的口音,他是北京人　　D. 男的没听出来女的是哪儿人

8. A. 女的觉得男的说得不对
   B. 女的问男的谁想当她的男朋友
   C. 女的觉得自己的性格其实并不太好
   D. 女的觉得她以后的男朋友一定很幸福

9. A. 男的要去中国了　　　　　B. 男的在中国工作了两年
   C. 男的不同意女的说的话　　D. 男的很舍不得离开中国

10. A. 男的是中国人
    B. 女的不同意男的的观点
    C. 女的也觉得中国的经济发展很快
    D. 男的以前就知道中国的经济发展得这么快

录音文本及答案

第一课 最近我实在太忙

课 文

一 最近我实在太忙

朴大佑：知恩,你听说了没有?最近科技馆正在举办一个机器人展览。
李知恩：我早知道了。那是专门为中、小学生举办的,好让他们多了解科学知识。
朴大佑：现在的小孩儿真幸福啊!比我们小时候可看、可学的东西多多了。
李知恩：那个机器人展览你也可以去看看呀!
朴大佑：我也是这么想的,去参观一下一定会长不少知识。可是……
李知恩：可是什么?
朴大佑：没有"伴儿"呗!咦,你有兴趣陪我一起去吗?
李知恩：说实话,我真的想去。不过最近我实在太忙,一点儿时间也没有。
朴大佑：唉,太遗憾了,那我只好一个人去了。
李知恩：一个人去有什么意思?你打电话约张明吧,他一定有空儿。
朴大佑：我怎么没想到他呢?说打就打!

二 我可不能错过

海　伦：罗伯特,你去哪儿?
罗伯特：我去学校的小超市买几包咖啡。
海　伦：你晚上喝咖啡睡得着觉吗?
罗伯特：不喝不行啊!我们班下周考试,今天晚上我得熬夜准备准备。可是我晚上一看书就想睡觉,喝点儿咖啡就不困了。

海　伦：噢,看来你今天晚上是没有时间了。
罗伯特：怎么,你有什么事儿吗?
海　伦：我这儿有两张京剧票,本来想请你一起去看的。
罗伯特：京剧?来中国以前我就知道京剧了。我非常想看一看,可一直没有机会。这次机会难得,我可不能错过!
海　伦：那你不用复习功课吗?
罗伯特：没关系,我星期六不出去玩儿了,呆在宿舍里复习一整天。京剧几点开始?我们快走吧!别耽误了!
海　伦：还早呢,八点才开始!就在咱们学校的礼堂。

三 她邀请我去她的新家坐坐

　　我的同事王丽两个月前刚买了一套新房子。前几天刚装修完,已经搬进去了。这不,她邀请我去她的新家坐坐。我当然要祝贺她一下儿。可是给她带点儿什么礼物呢?最好是她需要的,而且是有纪念价值的。我想了想,决定请我的朋友给王丽画一幅画。我想这份礼物很特别,王丽一定会喜欢。

练习

第一部分

二、再听一遍录音,判断正误：
　1. ×　2. ×　3. √　4. ×　5. √

四、写下你听到的句子：
　1. 我也是这么想的,去参观一下一定会长不少知识。
　2. 太遗憾了,那我只好一个人去了。
　3. 我怎么没想到他呢?说打就打!

第二部分

二、再听一遍录音,判断正误：
　1. ×　2. ×　3. √　4. √　5. ×

四、写下你听到的句子：
　1. 你晚上喝咖啡睡得着觉吗?

2. 我这儿有两张京剧票,本来想请你一起去看的。
3. 这次机会难得,我可不能错过!

第三部分

以下是根据第三段短文的问题

请回答下列问题:
1. 王丽两个月前买了什么?
2. 王丽什么时候搬进新家去的?
3. "我"要送给王丽什么礼物?
4. "我"为什么要送那件礼物给她?

第四部分

根据录音及其问题,在 A、B、C、D 四个答案中选择唯一恰当的答案:

1. 这件大衣看起来不怎么样,可是比我们刚才看的那件贵多了。
   问:关于这句话的意思,下面哪一句是正确的?

2. 一个人去看电影有什么意思?你打电话约小张吧,他一定有时间!
   问:说话人是什么意思

3. 我本来想和你一起看电影的,可是晚上要去参加一个聚会,只好下次了!
   问:说话人晚上要做什么?

4. 他们有的是钱,房子都买得起。
   问:这句话是什么意思?

5. 我昨天不是告诉你那个京剧不怎么样吗?你怎么还去呢?
   问:关于这句话,下面哪一句是正确的?

6. 男:小王,你听说了吗?最近北京正在举办一个汽车展览,你有兴趣和我一起去吗?
   女:说实话,我还真想去,可是我最近哪有时间啊!
   问:女的是什么意思?

7. 男:你最近怎么老喝咖啡?
   女:我不是忙着准备考试吗,所以经常熬夜。可是晚上一看书就想睡觉,喝了咖啡就不困了!
   问:女的为什么最近老喝咖啡?

8. 男:明天是我女朋友的生日,你说

我给她买什么礼物好呢?
女:这还不好说!你女朋友这么漂亮,你给她画一幅画儿,她一定喜欢!
问:关于这段对话,下面哪一句是**不**正确的?

9. 男:周末你过得怎么样?
女:哎,别提了!我本来想出去玩儿,可是下雨了,只好在家里呆了两天!
问:女的是怎么过的周末?

10. 男:王丽,昨天你怎么没来上课?
女:我的一个留学生朋友病了,她听不懂医生的话,我陪她去医院了。
问:王丽昨天为什么没来上课?

1. D 2. C 3. D 4. B 5. B
6. D 7. C 8. C 9. B 10. D

第二课　我要存钱

课　文

一　我要存钱

李知恩：您好，我要存钱。
职　员：有存折吗？
李知恩：没有，我是第一次存。
职　员：请让我看一下您的证件。
李知恩：护照可以吗？
职　员：可以，请您填一下这个单子，在这儿写上您的护照号码、地址和联系电话。
李知恩：这样填对吗？
职　员：您要存定期还是存活期？
李知恩：存活期吧，美元和人民币可以存在一个存折上吗？
职　员：可以。您需要密码吧？
李知恩：是的，需要。
职　员：请输入密码，需要六位数字。手续办好了，请拿好存折。

二　取钱

李知恩：我还没去中国的银行取过钱，手续麻烦不麻烦？
张　明：一点儿也不麻烦，告诉营业员要取多少钱就可以了。
李知恩：就这么简单吗？
张　明：如果有密码，取钱以前要输入密码，还要在单子上签名。
李知恩：如果是定期的想提前取，怎么办？
张　明：那需要出示你存款时的证件。
李知恩：存折丢了怎么办？
张　明：需要马上去银行挂失，然后再重新办一个存折。

三 你会把钱放在哪儿

如果有钱,你会放在哪儿?大部分人当然会选择存在银行,可是也有人觉得把钱存在银行很麻烦,而且现在利息也不太高,所以就把钱放在家里。大家都知道,把钱放在家里也不是特别安全,为了不让别人发现,不同的人会选择不同的地方藏钱,我有一个朋友喜欢把钱藏在书里,有时候他自己也忘了藏了多少钱,等有一天突然从书里找到几百块钱,他会高兴半天,好像白捡了几百块钱似的。

练习

第一部分

二、再听一遍录音,判断正误:
  1. × 2. × 3. √ 4. × 5. √

四、写下你听到的句子:
  1. 请让我看一下您的证件。
  2. 存活期吧,美元和人民币可以存在一个存折上吗?
  3. 请输入密码,需要六位数字。

第二部分

二、再听一遍录音,判断正误:
  1. √ 2. × 3. × 4. × 5. √

四、写下你听到的句子:
  1. 我还没去中国的银行取过钱,手续麻烦不麻烦?
  2. 如果有密码,取钱以前要输入密码,还要在单子上签名。
  3. 那需要出示你存款时的证件。
  4. 需要马上去银行挂失,然后再重新办一个存折。

第三部分

以下是根据第三段短文的问题

请回答下列问题:
  1. 如果有钱,大部分人会怎么办?

2. 为什么有的人把钱放在家里?
3. 把钱放在家里怎么样?
4. "我"的朋友喜欢把钱藏在哪里?
5. "我"的朋友为什么会高兴半天?

第四部分

根据录音及其问题在 A、B、C、D 四个答案中选择唯一恰当的答案:

1. 我想存三年定期的。
   问:说话人可能在什么地方?

2. 一月十号开始放假,可我想提前三天回国,你能陪我去跟老师请假吗?
   问:说话人几月几号回国?

3. 女:我想取钱,可是忘记密码了,怎么办呢?
   男:带着您的证件办理挂失手续,7天以后用新的存折取钱就行了。
   问:关于这段对话,下面哪一句是正确的?

4. 女:请问,我想换钱,应该去哪个柜台办理?
   男:每个柜台都可以办理外汇业务,但是都需要您出示您的身份证件。
   问:女的想做什么?

5. 利息有多少没关系,我觉得安全最重要。
   问:说话人在说什么?

6. 男:这么着急,你这是去哪儿啊?
   女:我要去图书馆办理挂失呢。
   问:关于这段对话,下面哪一句是不正确的?

7. 女:我觉得李老师每天都不笑,我挺怕他的。
   男:他看上去好像挺严肃似的,其实是个很热情的人。
   问:实际上李老师是一个什么样的人?

8. 女:今天天气怎么样?
   男:别提了。天气预报说今天有大雨,我就没骑车。可是你看现在外边的大晴天,我白带了雨衣,挤公共汽车还挤了一身汗。
   问:关于这段对话,下面哪一句是正确的?

9. 男:你为什么觉得把钱存在银行里挺麻烦的?

女:银行每天都很忙,差不多每次去都要排队。还有存折丢了还要挂失,忘了密码也得重新办新存折,真是麻烦死了。
问:对话中**没有**提到的是哪一项?

10. 女:您好!请出示您的证件。
    男:我的借书证丢了,我是来办理挂失的。
    问:这段对话,最可能发生在什么地方?

1. C 2. B 3. D 4. A 5. D
6. C 7. C 8. A 9. D 10. D

第三课　今天我们吃什么

课文

一 今天我们吃什么

张　　明：知恩,以前我带你吃了几次川菜,今天我们吃点儿别的吧!
李知恩：好哇,你给我介绍一下儿别的菜吧,我知道中国菜不但好吃,而且里面还有不少学问呢!
张　　明：中国菜讲究色、香、味俱全,各地有各地的风味,中国菜又分为四大菜系。
李知恩：川菜应该算一个吧,那么另外的三大菜系是什么?
张　　明：它们分别是鲁菜、粤菜和苏菜。
李知恩：哎呀,这么多,我一下子可记不住,你推荐一下儿哪种菜最有特色。
张　　明：各有各的特色。一般来说,川菜比较辣,粤菜比较清淡,鲁菜味道很咸。
李知恩：哦,我喜欢清淡一点儿的,我们去吃粤菜怎么样?
张　　明：好的,我们赶快去吧!

二 你想喝什么

张　　明：点完菜了,知恩,你想喝点儿什么?
李知恩：既然中国菜有很多学问,那么中国饮料也有一定的讲究吧!
张　　明：你真聪明。中国人吃饭时一般要喝点儿酒、茶、果汁什么的,中国还有酒文化和茶文化呢!
李知恩：中国都有什么样的酒?
张　　明：跟韩国差不多吧,有白酒、啤酒、红酒等等,只不过白酒的度数大部分都比韩国的高。
李知恩：那么茶呢?
张　　明：中国茶分为花茶、红茶、绿茶等几种。一般来说,北方人喜欢喝花茶,南方人喜欢喝绿茶。说了这么多,你到底想喝什么?
李知恩：那就来壶菊花茶吧!
张　　明：好极了!这种茶正是我喜欢的,我们就要菊花茶!

三 谢谢夸奖

迈克到一家饭馆吃饭,他尝着刚刚做好的鱼和肉,对饭馆的老板说:"早知道是这样的饭菜,我提前几天来就好了!"老板听了以后高兴地说:"先生您真是个美食家,我们饭馆的饭菜确实是最好的!"迈克说:"谢谢您的夸奖。我的意思是说如果早几天来,鱼和肉就应该是新鲜的了!"

练习

第一部分

二、再听一遍录音,判断正误:
 1. × 2. × 3. × 4. × 5. √

四、写下你听到的句子:
 1. 我知道中国菜不但好吃而且里面还有不少学问呢!
 2. 中国菜讲究色、香、味俱全,各地有各地的风味。
 3. 你推荐一下儿哪种菜最有特色。

第二部分

二、再听一遍录音,判断正误:
 1. √ 2. × 3. × 4. × 5. √

四、写下你听到的句子:
 1. 中国还有酒文化和茶文化呢!
 2. 一般来说,北方人喜欢喝花茶,南方人喜欢喝绿茶。
 3. 这种茶正是我喜欢的!

第三部分

以下是根据第三段短文的问题

请回答下列问题:
 1. 迈克去饭馆吃饭的时候,他点了什么菜?
 2. 吃饭的时候他对老板说什么?
 3. 老板听了迈克的话以后心情怎么样?他是怎么回答的?
 4. 迈克为什么说那样的话?

第四部分

根据录音及其问题,在 A、B、C、D 四个答案中选择唯一恰当的答案:

1. 我们去吃粤菜吧,前几天老吃川菜,今天换个清淡点儿的怎么样?
   问:说话人想吃什么味道的菜?

2. 上个月我去了一趟南方,那里的菜一点儿也不辣,我不太喜欢,所以都没怎么吃。
   问:关于这句话的意思,下面哪一句是**不**正确的?

3. 我觉得喝点儿酒对身体还是有好处的,但是喝多了就不好了,所以我有时候会喝点儿。
   问:说话人是什么意思?

4. 我已经吃了五个包子了,太饱了,你就别再要了。
   问:他们可能在哪儿?

5. 原来你不喜欢喝这种花茶啊,早知道我就不要了。
   问:关于这句话的意思,下面哪一句是正确的?

6. 男:我听说你很能喝酒,是真的吗?
   女:谁说的!我一点儿也不喜欢喝酒,特别是白酒。
   问:关于女的说的话,下面哪一句是正确的?

7. 男:我们不是已经点汤了吗?服务员怎么不给我们上呢?
   女:别着急,在中国饭馆吃饭的时候,一般是先吃菜,最后喝汤。
   问:关于这段对话,下面哪一句是正确的?

8. 男:小姐,这是菜单,请问你要点什么菜?
   女:我先看看。啊?都是汉字,没有菜的照片吗?我看不懂!
   问:男的是做什么工作的?

9. 男:最近怎么了?你好像瘦了!
   女:真的吗?太好了!我就想听这句话!
   问:女的听到男的话以后,心情怎么样?

10. 男:小华,快过来吧,该吃饭了!
    女:我正忙着写作业呢,哪有时间吃饭啊!
    问:关于这段对话,下面哪一句是正确的?

答案

1. D 2. B 3. C 4. C 5. C
6. B 7. D 8. A 9. A 10. D

第四课　要先挂号

课　文

一　要先挂号

朴大佑：海伦，来中国后，你去没去过医院？
海　伦：去过，前一阵子，有位同学摔伤了腿，我陪她一起去的医院。
朴大佑：听说在中国看病挺麻烦的，是吗？
海　伦：一个国家有一个国家的特点吧！在中国，一般来说，第一步要先挂号，买一本病历。
朴大佑：听说挂号分内科和外科。
海　伦：你这不是挺懂的吗？第二步呢，就是去找医生看病了。要向医生说清楚哪儿不舒服，可能还会做一些检查，这样医生就会告诉你或者吃药，或者打针。
朴大佑：听说有的医生说方言，那能听懂吗？
海　伦：他们都很耐心，一般没有什么问题。
朴大佑：下一步就可以直接拿药了吧？
海　伦：不，要先划价。

二　祝你早日康复

同　事：王玲，你好些了吗？
王　玲：是小李啊！公司的事这么多，你还抽空儿来看我，真让我不好意思。
同　事：咱们是老同事啦，你病了，我哪能不来看望看望啊？这束花送给你，祝你早日康复！
王　玲：多谢，多谢！
同　事：你的身体一直都好好儿的，怎么会突然得了肠炎呢？
王　玲：其实，我的肠胃一直都不太好，平时饮食都非常注意。可是昨天同学聚会，我吃了很多海鲜，没想到吃坏了肚子，一直呕吐，身上一点儿力气也没有。

同　　事：那医生怎么说？

王　　玲：医生说我得的是急性肠炎，输输液就可以出院了。

同　　事：还好，没什么大问题，不过以后你吃海鲜可千万要小心啊！

三　熊猫贝贝

　　动物园里刚来了一位新成员——熊猫贝贝。可这两天游客却很难见到这个可爱的朋友。为什么呢？原来，刚来不久的贝贝身体不舒服，不光是不想喝牛奶和水，对平时最爱吃的竹子也不感兴趣。这可急坏了饲养员。他们请来动物专家给它看病。结果是：贝贝因为还没有习惯这儿的气候而得了肠胃病。不过这不是大问题，经过几天的治疗，它很快就可以和大家见面了。

第一部分

二、再听一遍录音，判断正误：

　　1. ×　2. ×　3. √　4. ×　5. ×

四、写下你听到的句子：

　　1. 听说在中国看病挺麻烦的，是吗？

　　2. 听说挂号分内科和外科。

　　3. 他们都很耐心，一般没有什么问题。

第二部分

二、再听一遍录音，判断正误：

　　1. ×　2. √　3. ×　4. ×　5. √

四、写下你听到的句子：

　　1. 公司的事这么多，你还抽空儿来看我，真让我不好意思。

　　2. 你病了，我哪儿能不来看望看望啊？

　　3. 不过以后你吃海鲜可千万要小心啊！

第三部分

以下是根据第三段短文的问题

请回答下列问题：
1. 动物园里新来了一位什么新成员？
2. 为什么这两天游客很难见到它？
3. 这位新成员因为什么得了病？
4. 什么时候游客可以再见到它？

第四部分

根据录音及其问题，在 A、B、C、D 四个答案中选择唯一恰当的答案：

1. 小张哪儿生病了！他在宿舍里睡大觉呢！
   问：说话人是什么意思？

2. 前一阵子，小王踢足球的时候摔断了腿，现在还住在医院里呢！
   问：关于小王的情况，下面哪一句是正确的？

3. 我不是已经告诉你我的电话号码了吗？你怎么又忘了？
   问：说话人是什么语气？

4. 老同学聚会，我哪儿能不来呢？再说，我们已经好久没见面了。
   问：关于这句话的意思，下面哪一句是正确的？

5. 这件事我只告诉你一个人，你千万不能让别人知道！
   问：这句话中的"千万"是什么意思？

6. 女：这束花真漂亮！是送给谁的？
   男：还能送给谁啊？当然是送给我女朋友的。
   问：男的是什么意思？

7. 女：我的病严重吗？
   男：你得的是急性肠炎，得打针。
   问：男的是做什么工作的？

8. 女：你见过大熊猫吗？
   男：当然见过，再说，我什么没见过呀！
   问：男的是什么意思？

9. 女：前几天我去青岛旅行的时候

吃了不少海鲜,又便宜又好吃!

男:别提了,上次我就是因为吃海鲜吃坏了肚子!

问:关于这段对话,下面哪一句是正确的?

10. 女:没想到病人这么多,从早上到现在忙得连水也没喝。

男:最近有流行性感冒嘛。

问:女的最可能是做什么工作的?

1. B   2. D   3. C   4. C   5. B
6. C   7. A   8. B   9. D   10. A

第五课　那跟没讲有什么区别

课　文

一　那跟没讲有什么区别

海　伦：罗伯特,你常常去文化市场,那儿是不是可以讲价?
罗伯特：你说得没错,我特别喜欢去那儿买书。因为那儿差不多所有的书都可以讲价。
海　伦：谈谈你最得意的一次讲价经历。
罗伯特：有一次,我看中一本小说,卖书的人要十块钱。我说给他八块。
海　伦：十块钱还用讲?那你最后花多少钱买了那本书?
罗伯特：十块钱啊。
海　伦：那跟没讲有什么区别?
罗伯特：本来讲好八块,不过最后付钱的时候,我还是给了他十块。
海　伦：你这个人真奇怪。
罗伯特：我讲价的目的是练习口语,而且我觉得整个讲价的过程也非常有趣。

二　你喜欢去哪儿买东西

李知恩：你喜欢去大商店还是喜欢去小商店买东西?
罗伯特：我喜欢去市场买,因为那儿比较便宜,而且可以讲价。
李知恩：可是我喜欢去大商店买,虽然贵点儿,可是购物环境好,而且出现质量问题还可以退换。
罗伯特：你说得没错儿,不过,我在中国只住一年,买东西不用买最好的,像手机,我就花一百块钱买了个二手的。
李知恩：除了去市场和商店以外,也可以通过上网和电视买东西。
朴大佑：来中国后我还没在网上买过东西呢。
李知恩：我也没买过,在韩国倒是买过,特别是我妈妈,非常喜欢电视购物,她买了很多用不着的东西。我爸爸为了这个没少跟她吵架。

三 我不喜欢这只小狗

我有一个朋友特别有意思,在前几年刚开始流行网上购物的时候,她想试试网上购物的感觉。有一次,她在网上看到一只小狗非常可爱,就打电话告诉卖狗的公司,说她想买,等他们把小狗送去以后,她说:"我看看行吗?"看完了小狗,她说:"对不起,我不喜欢这只小狗,麻烦你们拿回去吧。"实际上是因为她没有足够的钱。她用同样的方法看了猫、兔子等小动物,有一次还看了一条蛇,都是只看不买。

练习

第一部分

二、再听一遍录音,判断正误:

1. √ 2. √ 3. √ 4. × 5. ×

四、写下你听到的句子:

1. 你说得没错,我特别喜欢去那儿买书。
2. 因为那儿差不多所有的书都可以讲价。
3. 谈谈你最得意的一次讲价经历。
4. 我讲价的目的是练习口语,而且我觉得整个讲价的过程也非常有趣。

第二部分

二、再听一遍录音,判断正误:

1. √ 2. √ 3. × 4. × 5. √

四、写下你听到的句子:

1. 我喜欢去市场买,因为那儿比较便宜,而且可以讲价。
2. 除了去市场和商店以外,也可以通过上网和电视买东西。
3. 来中国后我还没在网上买过东西呢。
4. 为了这个我爸爸没少跟她吵架。

第三部分

以下是根据第三段短文的问题

请回答下列问题：
1. "我"有一个什么样的朋友？
2. "我"的朋友在网上看到了什么？
3. "我"的朋友为什么没有买小狗？
4. "我"的朋友还看了什么？

第四部分

根据录音及其问题，在 A、B、C、D 四个答案中选择唯一恰当的答案：

1. 我和中国人讲价不是为了便宜，是为了练习口语。
   问：说话人为什么喜欢讲价？

2. 除了去市场和商店以外，也可以通过上网买东西。
   问：买东西的方法**没有**提到的是哪一项？

3. 大商场的东西太贵，小商店离学校又太远，所以我一般都去超市买东西。
   问：说话人常常去哪里买东西？

4. 女：我最得意的一次讲价经历是买书的时候从十块讲到了八块。
   男：就便宜两块钱，这跟没讲有什么区别？
   问：男的是什么态度？

5. 我的手机虽然是二手的，可是质量还不错，而且我在中国只住半年，不用买最好的。
   问：说话人的手机怎么样？

6. 女：你看我的裙子漂亮吗？这是我今天新买的。
   男：都快冬天了，还买这种裙子，女人真是奇怪。
   问：男的为什么觉得女的奇怪？

7. 女：小张今天骑车的时候摔着了，昨天我还提醒他下雪的时候不能骑车，可他就是不听。
   男：没事儿，他没怎么受伤，这不，还来上班呢！
   问：关于这段对话，下面哪一句是正确的？

8. 女：我想在网上买一台二手电脑，

你觉得怎么样?

男:在网上买东西便宜是便宜,可是一定要小心,特别是买二手的,有很多质量很差,买回来都不能用。

问:在网上买东西怎么样?

9. 女:你给二弟买的运动服他穿上怎么样?

男:几年不见,弟弟们都长高了不少,所以那衣服现在三弟穿倒挺合适的。

问:关于这段对话,下面哪一句是正确的?

10. 女:请问,去中国银行在哪儿下车?

男:再坐3站就到了。

问:这段对话最可能发生在哪儿?

1. B 2. B 3. C 4. C 5. A
6. D 7. D 8. D 9. D 10. C

第六课　请问您是要住宿吗

课　文

一　请问您是要住宿吗

张　明：你好！
服务员：您好,先生！请问您是要住宿吗?
张　明：不,我想来订一下贵宾馆的会议室,另外预订一些房间。
服务员：好的,你们几号开会?
张　明：8月26号,就是下个星期六。
服务员：我先查一下,噢,没问题,那天正好没有人使用会议室。那房间呢,你要订多少?
张　明：大概十几个标准间吧！
服务员：您最好给我们提供一份名单,上面注明性别。
张　明：我已经带来了。
服务员：那请您先交上押金,我们帮您留一些房间。这是我们宾馆的名片,有事及时联系。

二　那您办一下住房手续吧

小　马：你好,前天我打电话订过一个房间,我叫马晓明。
服务员：马先生,您好！您稍等,我查一下儿。对,您是预订了一个双人间,两个床位。我们给您安排在506,您看可以吗?
小　马：不过真不好意思。本来我们是两个人,但那个人来不了了。我只要一个床位行吗?
服务员：没问题,您的意思是您的房间我们可以再安排别的客人?
小　马：是的,谢谢！
服务员：那您办一下住房手续吧！请先交200元押金。
小　马：好的。

服务员：请在这儿签一下字,这是收据,您收好。
小　马：还有别的事情吗?
服务员：没有了。这是房间钥匙,电梯就在右边。马先生,再见!

三 他却怎么也想不起来宾馆的名字

有一个人第一次去上海。下火车后,他随便找了家宾馆,先订好房间,放下重重的行李,然后给妻子打了个电话,告诉她自己在上海的住址,就去逛上海了。

他整整逛了一天,去了繁华的街道,吃了有名的小吃,因为太无聊,吃饭以后又去酒吧喝了很多酒,当他想回宾馆休息时,却怎么也想不起来那家宾馆的名字了。

最后,他只好给妻子打电话,问:"我在上海到底住在哪儿?"

练习

第一部分

二、再听一遍录音,判断正误:
　　1. ×　2. ×　3. √　4. ×　5. ×

四、写下你听到的句子:
　　1. 请问您是要住宿吗?
　　2. 没问题,那天正好没有人使用会议室。
　　3. 您最好给我们提供一份名单,上面注明性别。

第二部分

二、再听一遍录音,判断正误:
　　1. ×　2. √　3. √　4. ×　5. ×

四、写下你听到的句子:
　　1. 您是预订了一个双人间,两个床位。
　　2. 那您办一下住房手续吧!
　　3. 请在这儿签一下字,这是收据,您收好。

第三部分

以下是根据第三段短文的问题

请回答下列问题：
1. 那个人一共去了几次上海?
2. 他找到宾馆以后去做什么了?
3. 他为什么给他的妻子打电话?
4. 打电话的时候,他问他的妻子什么问题?

第四部分

根据录音及其问题,在 A、B、C、D 四个答案中选择唯一恰当的答案：

1. 我爸爸上周刚从上海回来,这个星期又要去西安,都没在家里怎么待。
   问:关于这句话的意思,下面哪一句是正确的?

2. 我住的那家宾馆房间还比较干净,但是在马路边儿上,有点儿吵。
   问:他住的那家宾馆怎么样?

3. 真不好意思,因为家里有点儿事儿,来晚了,让你们久等了!
   问:说话人为什么迟到了?

4. 他都忙了半天了,该休息休息了。
   问:他忙了多长时间了?

5. 先生,请您先交200元押金,我们会帮您留两个标准间的。
   问:说话人可能在哪儿工作?

6. 男:我觉得我们应该先预订好宾馆,要不到了北京再找宾馆太麻烦了。
   女:你说得有道理,听你的!
   问:女的是什么态度?

7. 男:今晚有时间吗? 我想请你看电影。
   女:看电影? 哦,对不起,我今晚有事儿去不了。谢谢你!
   问:女的为什么不能去看电影?

8. 男:张明怎么没来?
   女:他们家有事儿,他来不了了,所以我们不用等他了。
   问:关于这段对话,下面哪一句是**不**正确的?

9. 男:你怎么还在门外边儿?
   女:我的房间钥匙找不到了,我在等我妈妈回来。
   问:关于这段对话,下面哪一句是正确的?

10. 男:你怎么星期天也不休息?
    女:我哪儿有时间休息呀!公司里的事儿还没忙完呢!
    问:关于这段对话,下面哪一句是正确的?

1. A 2. D 3. D 4. C 5. C
6. C 7. B 8. B 9. A 10. B

第七课　你怎么迟到了

课　文

一　你怎么迟到了

王　　玲：李林,今天早上你怎么迟到了?
李　　林：别提了,今天我不知怎么回事,突然想坐公交车上班,没想到堵车那么厉害,所以就迟到了。
王　　玲：怪不得！那你平时是怎么上下班的?
李　　林：我一般先坐地铁,到天安门下车后再换车,到咱们公司大概需要四十分钟。
王　　玲：每天这样倒车很麻烦吧,你还不如赶紧买辆车,自己开多方便！
李　　林：我看买车也不一定方便,每天上下班时间堵车那么厉害,还不如坐地铁快呢！
王　　玲：有道理！我听说现在正修建地铁4号线和10号线呢,修好后坐地铁就更方便了。
李　　林：是啊,这样一来交通就不会像现在这么拥挤了。

二　我是坐船回来的

朴大佑：刘老师,您好！
刘老师：是大佑啊,还没到开学的时间,你怎么这么早就回来了?
朴大佑：我在家闲着没事做,就提前回来了,我想回来还可以练习练习汉语呢！
刘老师：你是怎么来的?
朴大佑：我本来打算坐飞机,从韩国到中国也就两个小时,可是这次我是坐船来的。
刘老师：坐船？那多慢啊！
朴大佑：慢是慢,不过我觉得很好玩儿。在船上可以看到大海,每次看见大刘老师：你不晕船吧！
朴大佑：没事儿，一点儿也不晕。在青岛下船后我又坐了三个小时的火车才回来。
刘老师：那你一定很累，快回去好好儿休息吧！

三 北京的地铁

在北京，地铁是一种很重要的交通工具。北京的地铁现在一共有四条线路，分别是一号线、二号线、十三号线和八通线。一号地铁是市中心东西方向的地铁，如果你想去天安门、王府井，可以乘坐一号线。北京站在二号线上。十三号线是地上列车，从西直门到东直门。八通线是从北京市中心到郊区的一条地铁线路。现在，北京正在修建南北方向的地铁四号线和十号线，这样一来，在北京坐地铁比坐公交车方便多了。

练习

第一部分

二、再听一遍录音，判断正误：

1. √ 2. × 3. √ 4. √ 5. ×

四、写下你听到的句子：

1. 怪不得！那你平时是怎么上下班的？
2. 每天这样倒车很麻烦吧，你还不如赶紧买辆车。
3. 这样一来交通就不会像现在这么拥挤了。

第二部分

二、再听一遍录音，判断正误：

1. × 2. × 3. √ 4. × 5. ×

四、写下你听到的句子：

1. 我在家闲着没事做，就提前回来了。
2. 慢是慢，不过我觉得很好玩儿。
3. 每次看见大海，我都很快乐！

第三部分

以下是根据第三段短文的问题

请回答下列问题：
1. 北京的地铁一共有几条线路？分别是几号线？
2. 如果你想去天安门、王府井，你应该乘坐哪条线？
3. 地上列车是哪条线？从哪儿到哪儿？
4. 从北京市中心到郊区的线路是哪条？
5. 北京正在修建什么地铁线路？

第四部分

根据录音及其问题，在A、B、C、D四个答案中选择唯一恰当的答案：

1. 我以前老挤公交车上班，最近新买了一辆车，觉得还是自己开车上班方便。
   问：他现在怎么上班？

2. 真倒霉！怎么又堵车了？早知道还不如坐地铁快呢！
   问：说话人现在在哪儿？

3. 我喜欢蓝蓝的大海，因为每次看见海我就非常开心！我还喜欢在海边散步。
   问：说话人看到海时心情怎么样？

4. 你挤什么挤，本来车上人就很多，你不能别乱动吗？
   问：他们可能在哪儿？

5. 他最近老在家里闲着，什么事儿也不干。
   问：他最近怎么样？

6. 女：你怎么回来得怎么晚？
   男：别提了，下班的时候堵车堵了一个多小时，急死人了！
   问：男的为什么回来晚了？

7. 男：你不知道小王早就出国了吗？
   女：怪不得好长时间没见到他了！
   问：关于这段对话，下面哪一句是**不正确的**？

8. 女：你看那些人在忙什么呢？
   男：他们正在修建新地铁呢！大概是要修建南北方向的两条线路。
   问：关于这段对话，下面哪一句是**不正确的**？

9. 女：师傅，麻烦您再开快一点儿，我快赶不上那趟三点的火车了！
   男：你着什么急啊！现在不是才两点半吗？
   问：男的是什么意思？

10. 男：我这个人什么没坐过？火车、汽车、飞机和船……，天上飞的，地上跑的我都坐过了！
    女：我才不信呢，你又吹牛了！
    问：女的认为男的是个什么样的人？

1. D 2. A 3. B 4. B 5. D
6. A 7. B 8. C 9. C 10. C

第八课　我们想去桂林旅游

课　文

一　我们想去桂林旅游

罗 伯 特：我们想去桂林旅游，一个人的费用是多少？
工作人员：你们想坐飞机还是坐火车去？坐飞机的话，一个人2600块钱，坐火车一个人1500块钱。
罗 伯 特：这个费用除了交通费，还包括哪些费用？
工作人员：还包括各旅游景点的门票费和三天的餐费。
罗 伯 特：都游览哪些景点？
工作人员：这是旅游日程表，请看一下，所有的信息都在这张表里。
罗 伯 特：我们打算这个周六出发，现在报名来得及吗？
工作人员：来得及，您先看看这个合同，如果没有问题，在这儿写上您的名字和联系电话。

二　桂林哪些地方给你留下了深刻的印象

李知恩：这次去桂林，哪些地方给你留下了深刻的印象？
罗伯特：漓江、阳朔的山和水都特别美丽。
李知恩：我也想去桂林旅游，请问要注意哪些问题？
罗伯特：如果坐火车的话，时间比较长，也比较辛苦，不过是一次很好的经历。
李知恩：有导游跟着一起去吗？
罗伯特：我们是自己去的，没有导游。可是你不要担心，一下火车，就有当地的导游负责接你。
李知恩：听说旅游过程中，导游常常介绍游客去各种各样的商店购物。
罗伯特：这是旅游活动的一部分，如果不感兴趣，什么也不要买就是了。

三 旅游

旅游不仅能增长知识,而且也是一种学习汉语的好方法,所以很多留学生都打算在中国旅游。

出门旅游,最重要的就是安全了,无论坐车、逛商店,都要注意保管好自己的钱、护照等重要物品,住宾馆要选择那些安全的。出去玩儿的时候,别忘了要一张宾馆的名片,这样即使你的汉语不太好,也能打车顺利地回到宾馆。

练习

第一部分

二、再听一遍录音,判断正误:
   1.√ 2.× 3.√ 4.× 5.×

四、写下你听到的句子:
   1.我们想去桂林旅游,一个人的费用是多少?
   2.所有的信息都在这张表里。
   3.我们打算这个周六出发,现在报名来得及吗?

第二部分

二、再听一遍录音,判断正误:
   1.√ 2.√ 3.× 4.× 5.√

四、写下你听到的句子:
   1.这次去桂林,哪些地方给你留下了深刻的印象?
   2.可是你不要担心,一下火车,就有当地的导游负责接你。
   3.这是旅游活动的一部分,如果不感兴趣,什么也不要买就是了。

第三部分

以下是根据第三段短文的问题

请回答下列问题:
   1.为什么有很多留学生打算在中国旅游?

2. 旅游最重要的是什么?
3. 旅游的时候怎样做才安全?
4. 出去玩儿的时候应该注意什么问题?为什么?

第四部分

根据录音及其问题,在 A、B、C、D 四个答案中选择唯一恰当的答案:

1. 这次旅行每人的费用大概是3000元,这包括交通费500元、住宿费1000元,还有餐费和门票。
   问:关于这次旅行的费用,下面哪一句是正确的?

2. 5号晚上9点坐飞机到上海,6号上午10点参加会议,7号白天休息,然后坐晚上11点的飞机回北京。
   问:上面这段话可能出自哪儿?

3. 旅行的时候如果坐火车,时间比较长,也比较辛苦,不过是一次很好的经历。
   问:说话人觉得旅行坐火车怎么样?

4. 旅游不仅能增长知识,而且也是学习汉语和了解中国文化的一种好方法。
   问:关于旅游的好处,下面哪一句**没有**提到?

5. 女:你去桂林旅行了?那儿的风景怎么样?
   男:别提多漂亮了。
   问:男的觉得桂林的风景怎么样?

6. 女:你怎么提了这么多东西啊?
   男:我刚从超市回来,除了给自己买的鸡蛋和水果,我还给同屋带了些咖啡和点心。
   问:关于这段对话,下面哪一句是正确的?

7. 女:快点儿走吧,还有一刻钟就上课了。
   男:急什么?我就算再洗个澡也来得及。
   问:男的是什么意思

8. 男:李姐,我是小刘啊。借你的自行车用一下儿好吗?我想出去办点儿事。
   女:我的车子让小王的哥哥王明骑走了。
   问:现在自行车在谁那儿?

9. 女:医生让你好好休息,你怎么不听呢?
   男:我上午开会,下午有课,晚上还得给研究生辅导,哪有时间休息啊?

问:男的可能是做什么工作的?

10. 女:都这么晚了,你也很累了,快休息吧。

男:即使再晚再累也要把工作完成啊。

问:男的是什么意思?

1. D 2. D 3. D 4. D 5. B
6. D 7. D 8. C 9. B 10. C

第九课　你怎么租到的房子

课　文

一　你怎么租到的房子

李知恩：　大佑，这套房子真不错，又干净又漂亮，价格也不贵，你是怎么租到的？
朴大佑：　这还不容易！我上网查的，有专门的租房网站。
李知恩：　这可真方便。不过网上的信息能相信吗？
朴大佑：　大多数是可以相信的，你想查什么，上网搜索一下就可以了。
李知恩：　对了，我知道还有专门卖东西的网站呢！
朴大佑：　是的，我朋友就在网上订购了一个MP3，听音乐的效果可好了，才二百九十多块钱！
李知恩：　我们留学生在中国待的时间不长，还可以通过网上的二手市场买到便宜的日用品呢！
朴大佑：　没错儿，现在人们得到信息的途径越来越多了，生活也比过去方便多了。
李知恩：　就连找女朋友也可以上网找呢，对吗？哈哈！

二　在哪儿登广告

李知恩：　张明，快回国了，我想把我那台冰箱卖了，你说在哪儿登广告好呢？
张　明：　这还不简单！你在宿舍楼一楼大厅的墙上贴个小广告不就行了。
李知恩：　那我怎么写呢？
张　明：　你拿一张纸来，我现在就帮你写吧。
李知恩：　好的，不过先写什么呢？
张　明：　当然是题目啦，就写"卖冰箱"吧。
李知恩：　然后呢？
张　明：　我们这样写：现在我要回国了，想给我的冰箱找个新主人，它是一台白色的小冰箱,只用了一年,质量棒极了,买下它你一定不会后悔!

李知恩:别忘了写上我的联系方式。

张　明:嗯!对了,还有价格没写呢!我们就写上"价格可以商量"吧。

三 卖房子

　　老张在郊区住着一套老房子,他想卖了,再买一个好一点儿的房子。于是,他找了房产公司的王先生来帮忙卖房子。王先生马上在杂志上登了一个广告。几天以后,老张在杂志上看到一张很美的照片,照片上就是他的那套老房子。他看了以后,马上给房产公司打了一个电话:"王先生,对不起,我不想卖那套房子了,看了您登的广告,我才知道它正是我一辈子想住的房子!"

第一部分

二、再听一遍录音,判断正误:

1. ×　2. ×　3. √　4. ×　5. √

四、写下你听到的句子:

1. 我上网查的,有专门的租房网站。
2. 你想查什么上网搜索一下就可以了。
3. 现在人们得到信息的途径越来越多了,生活也比过去方便多了。

第二部分

二、再听一遍录音,判断正误:

1. ×　2. ×　3. √　4. ×　5. ×

四、写下你听到的句子:

1. 我想把我那台冰箱卖了,你说在哪儿登广告好呢?
2. 你拿一张纸来,我现在就帮你写吧。
3. 别忘了写上我的联系方式。

第三部分

以下是根据第三段短文的问题

请回答下列问题：
1. 老张为什么想卖他的那套老房子？
2. 他找了谁来帮忙卖房子？
3. 他们在哪儿登了广告？
4. 老张后来为什么又不想卖那套房子了？

第四部分

根据录音及其问题，在 A、B、C、D 四个答案中选择唯一恰当的答案：

1. 我喜欢上网聊天儿，特别喜欢和漂亮的女孩儿聊天儿，呵呵，说出来还真不好意思。
   问：关于这句话的意思，下面哪一句是**不**正确的？

2. 小张刚工作不久，没有钱买房子，所以他和同事一起租了一套房子。
   问：小张为什么租房子住？

3. 现在大城市的房价越来越高了，很多年轻人都买不起，他们只好租房子住。
   问：关于这句话的意思，下面哪一句是**不**正确的？

4. 昨天我去了一趟二手市场，发现里面还真有不错的东西，我就买了一个小冰箱。
   问：关于这句话的意思，下面哪一句是正确的？

5. 王丽家离学校很远，所以她和别的同学一样住在学校的宿舍里，每个周末才回家一次。
   问：关于王丽，下面哪一句是正确的？

6. 男：你听说了吗？张明的女朋友是他上网的时候认识的。
   女：这有什么奇怪的！现在年轻人流行上网找朋友！
   问：女的是什么意思？

7. 男：这个生词是什么意思？
   女：这还不容易！你查查词典不就知道了。
   问：女的是什么意思？

8. 男：王丽,你看,我刚买了一个MP3。
   女：嗯,很漂亮,不过听音乐的效果怎么样啊?
   男：当然不错啦！不好我还能买吗?
   问：男的觉得自己的MP3怎么样?

9. 男：你知道网上哪儿可以听到好听的歌?
   女：这还不简单,你上网搜索一下儿就知道了。
   问：关于这段对话,下面哪一句是不正确的?

10. 男：海伦,我听说你要回国了。
    女：可不是嘛,我最近在忙着回国的事情呢,有些东西也要寄回去。
    问：女的最近怎么样?

1. C 2. B 3. A 4. C 5. B
6. D 7. A 8. B 9. B 10. B

第十课　这次考试考得怎么样

课　文

一　这次考试考得怎么样

日本女生：　大佑,这次考试考得怎么样?
朴　大　佑：　精读得了八十分,口语得了九十二分。麻美,你呢?
日本女生：　我的口语比你差远了,才得了七十来分。
朴　大　佑：　你平时汉语说得挺流利的呀!
日本女生：　什么呀! 平时说得就不好,再加上考试那天我有点儿紧张,该说的话都想不起来了。
朴　大　佑：　没关系,这只是个小考试。再说你的精读一定比我强多了。
日本女生：　马马虎虎吧。我是日本人,读和写对我来说比较简单,但是听和说真是让我头疼。
朴　大　佑：　也不能太着急。咦,你看见通知了吗? 学院下个星期要开语音课。
日本女生：　这倒是个好消息! 去哪儿报名?
朴　大　佑：　到办公室找杨老师!
日本女生：　我这就去!

二　我也是来报名的

李知恩：　你好,请问这里是中文歌歌唱比赛的报名处吗?
一男生：　没错儿,我也是来报名的。咦,我好像在哪儿见过你?
李知恩：　是吗?
一男生：　噢,我想起来了,你叫李知恩,参加过上个月学校举办的汉语晚会的表演。
李知恩：　是的。
一男生：　我记得你的节目获得了第一名,你还是最佳演员呢! 那你的汉语一定没的说!
李知恩:哪里,哪里!请问你叫什么名字?
一男生:我叫大海。
李知恩:"大海",你的名字真好记!祝你好运!
一男生:我来参加比赛主要是为了锻炼说汉语的勇气!也祝你取得好成绩!

三 我要这个玩具

杰克特别喜欢玩具。一天他和爸爸逛商场,看到一个很漂亮却很贵的玩具车,吵着非要买,可是爸爸说这车太小,要给他买个大的。杰克很听话。在过马路的时候,他看到十字路口的红灯下,停着一辆双层巴士,他兴奋地跑过去抓着车头喊道:"爸爸,我要这个玩具!"

第一部分

二、再听一遍录音,判断正误:
　　1. ×　2. √　3. √　4. ×　5. √

四、写下你听到的句子:
　　1. 我的口语比你差远了,才得了七十来分。
　　2. 你平时汉语说得挺流利的呀!
　　3. 这倒是个好消息!

第二部分

二、再听一遍录音,判断正误:
　　1. √　2. ×　3. √　4. ×　5. ×

四、写下你听到的句子:
　　1. 没错儿,我也是来报名的。
　　2. 那你的汉语一定没的说!
　　3. 我来参加比赛主要是为了锻炼说汉语的勇气!

第三部分

以下是根据第三段短文的问题

请回答下列问题：
1. 杰克特别喜欢什么？
2. 在那家商场里杰克看见了什么？他想买吗？
3. 他的爸爸给他买吗？
4. 在十字路口的时候，杰克看见了什么？
5. 杰克为什么要买他在十字路口看见的那个东西？

第四部分

根据录音及其问题，在A、B、C、D四个答案中选择唯一恰当的答案：

1. 他刚学了一点儿汉语，哪能明白这个生词的意思啊！
   问：这句话是什么意思？

2. 这次考试朴大佑考得不怎么样，精读考了八十分，口语才得了七十来分。
   问：关于这次考试，下面哪一句是正确的？

3. 对于韩国人来说，读和写没什么问题，但是听和说真让人头疼。
   问：关于这句话的意思，下面哪一句是正确的？

4. 因为很多留学生的发音不标准，所以我们学院下周准备开一门语音课。
   问：关于这句话的意思，下面哪一句是正确的？

5. 小王的歌唱得那么好，这次比赛他肯定能赢，可是他老是不相信自己的水平。
   问：关于小王，下面哪一句是正确的？

6. 男：王丽，你那个韩国男朋友的汉语说得怎么样啊？
   女：当然没的说！要不怎么和我交流啊？
   问：关于王丽的男朋友，下面哪一句是正确的？

7. 男：我听说这次晚会你要表演节目，快告诉我你要表演什么？
   女：到时候你就知道了，哈哈！
   男：你想急死我啊！

问:关于这段对话,下面哪一句是正确的?

8. 男:你还是让海伦说吧,她的汉语比我强多了。
   女:哪儿啊!你一点儿也不比她差。
   问:女的是什么意思?

9. 男:快放假了,我真高兴!
   女:有什么好高兴的!还得考试呢!
   问:女的是什么意思?

10. 男:你怎么这么晚才来?
    女:我昨天晚上开夜车呢!没想到快到早上的时候睡着了!
    问:女的为什么来晚了?

1. A 2. B 3. B 4. A 5. B
6. C 7. A 8. A 9. C 10. B

第十一课　多功能的电子词典

课　文

一　多功能的电子词典

罗伯特：海伦，可以把你那本英汉词典借给我用用吗？我用完马上还你。
海　伦：当然可以，你拿去用吧。前几天我新买了一个电子词典，所以你不用急着还。
罗伯特：是汉语电子词典吗？能给我看看吗？
海　伦：这不，就在桌上。这个词典还可以发音呢，用起来方便极了。
罗伯特：真不错！查词的时候直接在键盘上输入就行了，不像查词典那么麻烦。
海　伦：我的电子词典还能随时下载资料，它的功能要比普通的词典多。
罗伯特：用它学习汉语一定很方便。
海　伦：不光学习汉语，它还有计算器、游戏机等等很多功能呢。
罗伯特：我也想买一个，贵吗？
海　伦：不贵，就几百块钱。有时间我陪你一起去买。

二　我新买的手机

李知恩：这是你新买的手机吗？我看看可以吗？
男同学：当然可以。这是我上个星期刚买的。
李知恩：现在手机的功能越来越全了，拍照、上网什么的都行。你的手机也有这些功能吧？
男同学：我的手机除了这些功能以外，还能听广播、录音和摄像呢。
李知恩：哎，屏幕上的这个女孩儿是你的女朋友吧？
男同学：算是吧。不过我现在还在被人家考察呢！你再听听我的闹铃，可有意思了。
　　　　（录音：懒猪，快起床！懒猪，快起床！）
李知恩：哈哈哈！是挺特别的。这声音是你自己录的吧，是谁的声音？

男同学：当然是我女朋友的！

三 我们生活在信息时代

科学技术的发展给我们的生活带来了很多方便,比如有了电子词典之后,我们就不用每天带着厚厚的词典去上课了;有了手机之后,不管我们在哪儿,朋友都能联系上我们。现在,我们生活在一个信息时代,生活、工作、学习的效率确实都比以前大大提高了。

第一部分

二、再听一遍录音,判断正误：
   1. × 2. × 3. √ 4. √ 5. ×

四、写下你听到的句子：
  1.可以把你那本英汉词典借给我用用吗？
  2.这个词典还可以发音呢,用起来方便极了。
  3.它的功能要比普通的词典多。

第二部分

二、再听一遍录音,判断正误：
   1. × 2. × 3. √ 4. √ 5. √

四、写下你听到的句子：
  1.现在手机的功能越来越全了,拍照、上网什么的都行。
  2.不过我现在还在被人家考察呢!
  3.你再听听我的闹铃,可有意思了。

第三部分

以下是根据第三段短文的问题

请回答下列问题：
  1.什么给我们的生活带来了很多方便？

第十一课 多功能的电子词典

2. 有了电子词典以后,对我们来说有什么好处?
3. 有了手机以后,有什么好处?
4. 现在我们生活在一个什么样的时代?
5. 科学技术的发展可以提高我们哪些方面的效率?

第四部分

根据录音及其问题,在 A、B、C、D 四个答案中选择唯一恰当的答案:

1. 这种词典虽然贵,可是功能要比那种词典多。
   问:关于这句话的意思,下面哪一句是正确的?

2. 我的手机除了拍照和上网以外,还能听广播、录音和摄像呢。
   问:关于手机的功能,下面哪一句是正确的?

3. 就几百块钱的东西,你还觉得贵啊?
   问:说话人觉得几百块钱的东西怎么样?

4. 我今天算是白去商场了,忘了带钱,所以什么都没买。
   问:说话人怎么了?

5. 有了他的鼓励,不管遇到再大的困难,我都能成功。
   问:关于这句话的意思,下面哪一句是正确的?

6. 女:看见我的听力课本了吗?
   男:这不就在书桌上吗?你去书橱里找当然找不到了。
   问:听力课本在哪儿?

7. 女:你知道吗?不吃早餐对身体不好。
   男:我8点上班,家离单位那么远,哪有时间做早餐吃啊!
   问:关于这段对话,下面哪一句是正确的?

8. 看他高兴的,好像全班就他一个人考了90分似的。
   问:关于这句话的意思,下面哪一句是正确的?

9. 女:都快12点了,你怎么还不起床?
   男:再让我睡一会儿,我太累了。
   女:你有什么累的啊?整天不洗衣服不做饭,除了吃饭就是睡觉,你也真好意思说累。
   问:关于这段话的意思,下面哪一句是正确的?

10. 女：小刘，参加会议的人都到了吗？
    男：除了老王出差、老张请假以外，别人都到了。我也正在去开会的路上。
    问：谁会参加会议？

1. C 2. B 3. B 4. D 5. B
6. A 7. D 8. B 9. A 10. C

第十二课　用汉语写信真难啊

课　文

一　用汉语写信真难啊

张　明：海伦,你在忙什么呢?
海　伦：我正在给一位刚认识的中国朋友写信。用汉语写信对我来说真难啊!
张　明：不错嘛!试着用汉语写信就已经很了不起了。但是你要注意,中文信的格式和英文的可不一样。
海　伦：是吗?我还真的不太清楚,你能告诉我吗?
张　明：写英文信的时候一般把写信的时间和发信人的地址写在信纸的右上角,而中文信不用在信纸上写地址,直接写在信封上就行。
海　伦：这是第一个要注意的地方。还有呢?
张　明：还有就是在每一段的开头都应该空两格。
海　伦：那信的结尾还有什么要求吗?
张　明：为了表示礼貌,结尾写几句祝福的话就行。
海　伦：比如"祝你工作顺利"或者"祝你身体健康"等等,对吧?
张　明：对!最后还要写上自己的名字和写信的时间。

二　"爱情"包裹

张　明：看你匆匆忙忙的,还抱着这么多东西,这是去哪儿啊?
女　生：我男朋友在日本留学,我给他寄些东西过去。
张　明：往国外寄东西得花不少钱吧?
女　生：不一定。如果海运的话,就用不了多少钱,但是慢得要命。所以一般来说我都是选择空运,因为我不想让他等得太着急。
张　明：看来你俩的感情还真不错。我正好也想往国外寄东西呢,顺便问你一下,空运多长时间能到啊?

女　　生：国家不同,需要的时间也不一样。到日本大概需要一个星期,别的国家我就不太清楚了。

张　　明：好的,我知道了。不耽误你了,快去寄你的"爱情"包裹吧。

三 海运太慢了

　　去年我过生日的时候,男朋友从日本打来电话,问我有没有收到他寄的礼物。当时虽然并没有收到,可我还是很高兴地安慰他说也许马上就能收到了。结果,在我生日过后的第二个月,那份来自日本的生日礼物才寄到我家。有了这次的教训,我和男朋友之间寄东西就都不再选择海运了,因为海运便宜是便宜,可是太浪费时间,还是快捷的空运更方便。

练习

第一部分

二、再听一遍录音,判断正误:

　　1. ×　2. √　3. ×　4. ×　5. √

四、写下你听到的句子:

　　1. 用汉语写信对我来说真难啊!
　　2. 中文信的格式和英文的可不一样。
　　3. 为了表示礼貌,结尾写几句祝福的话就行。
　　4. 最后还要写上自己的名字和写信的时间。

第二部分

二、再听一遍录音,判断正误:

　　1. ×　2. ×　3. √　4. √　5. √

四、写下你听到的句子:

　　1. 往国外寄东西得花不少钱吧?
　　2. 看来你俩的感情还真不错。
　　3. 国家不同,需要的时间也不一样。
　　4. 快去寄你的"爱情"包裹吧。

第三部分

以下是根据第三段短文的问题

一、请回答下列问题：
1. 去年"我"过生日的时候，男朋友在哪儿？
2. "我"的男朋友为什么给"我"打电话？
3. "我"是什么时候收到礼物的？
4. "我"觉得海运怎么样？
5. 什么邮寄方式更方便？

第四部分

根据录音及其问题，在 A、B、C、D 四个答案中选择唯一恰当的答案：

1. 我正在给一位刚认识的中国朋友写信。
   问：关于这句话的意思，下面哪一句是正确的？

2. 写英文信的时候一般把写信的时间和发信人的地址写在信纸的右上角，而中文信不用在信纸上写地址，直接写在信封上就行。
   问：英文信的信纸右上角一般写着什么？

3. 如果海运的话就用不了多少钱，但是慢得要命。
   问：关于这句话的意思，下面哪一句是正确的？

4. 寄包裹的时候，我一般都是选择空运，因为我不想让男朋友等得太着急。
   问：女的为什么选择空运？

5. 女：下班以后我先去银行取钱，再去市场买点儿菜，然后就回家。
   男：你还是直接回家吧。
   问：男的想让女的做什么？

6. 女：糟糕！我把钥匙忘在办公室了。
   男：你怎么回事啊？总是忘事，怎么说你也没用！
   问：男的是什么语气？

7. 女：我好像什么都做不好。
   男：你不用难过，失败一次算不了什么。年轻人只要努力，就一定会成功的！

问:关于这段对话,下面哪一句是正确的?

8. 女:我的几个外国朋友要回国了,你看我送他们什么礼物好呢?
   男:那要看他们喜欢什么啊。喜欢音乐的,你可以送张民乐CD;喜欢中国服装的,你可以送件旗袍。
   问:男的觉得应该送什么礼物?

9. 女:你的外套真漂亮,新买的吧?
   男:是啊!这是我昨天刚从百盛买的。

女:你可真有钱。百盛的东西贵得要命,我每次去都是光看不买。
男:我哪儿像你说得那么有钱啊。这是打折的时候买的。
问:关于这段对话,下面哪一句是正确的?

10. 女:从学校到新华书店怎么走?
    男:出了校门往东拐,不用坐车,走两步就到。
    问:关于这段对话,下面哪一句是正确的?

1. B 2. D 3. C 4. D 5. D
6. C 7. A 8. D 9. C 10. A

第十三课　今天晚上有迎新晚会

课　文

一　今天晚上有迎新晚会

李知恩：罗伯特,今天晚上有迎新晚会,你来参加吧。

罗伯特：这是一个什么样的晚会？都会有谁去呢？

李知恩：迎新晚会就是欢迎新同学的晚会。你刚来山东大学的时候应该也参加过这种晚会吧。

罗伯特：想起来了,是有过,参加的大多是新生。我知道中国人喜欢热闹,你们平时是不是有很多各种各样的晚会啊？

李知恩：我们的晚会有很多种,一般在过节的时候或者有喜事的时候才举办晚会,比如国庆晚会、元旦晚会、生日晚会、毕业晚会什么的。

罗伯特：那今天的晚会上应该有很多好看的节目吧？

李知恩：当然,今晚的节目都很精彩,歌曲和舞蹈是少不了的,另外还有杂技、魔术,还安排了中国的传统节目京剧和相声。

罗伯特：那节目真是够丰富的。

李知恩：对了,晚会开始以前还有猜谜活动,猜中了还有奖品呢！

罗伯特：真的啊？那我们赶紧去吧。

二　祝你今晚演出成功

海　伦：大佑,看到大厅布告栏里贴出的通知了吗？今晚有晚会！

朴大佑：我早就知道了。这不,节目单都拿到手了。

海　伦：快给我看看！（读节目单）今晚有独唱《茉莉花》、合唱《甜蜜蜜》……,还有一个游戏呢。

朴大佑：什么游戏？

海　伦：就是猜词游戏。一个同学看了一个词以后,用动作把意思表演出来,让观众猜是什么词。

朴大佑：那一定很好玩儿，做游戏的同时又学习汉语，多好啊！听说还有你的节目？

海　伦：对！我们班排练了一个小话剧，我在里面演爸爸。通过这个小节目，我感觉我的汉语水平提高了不少呢！

朴大佑：真不错！祝你今晚演出成功！

三 丰富多彩的大学生活

大学的业余生活是很丰富多彩的，每年新生入学的时候都有欢迎他们的晚会，平时的节假日里也有很多集体活动，比如舞会、体育比赛、演讲比赛什么的。迎新晚会是我最喜欢参加的活动，在那里我不仅能看到精彩的节目，而且还能交到很多新朋友呢！

第一部分

二、再听一遍录音，判断正误：

1. √　2. ×　3. √　4. √　5. ×

四、写下你听到的句子：

1. 一般在过节的时候或者有喜事的时候才举办晚会。
2. 今晚的节目都很精彩。
3. 晚会开始以前还有猜谜活动，猜中了还有奖品呢！

第二部分

二、再听一遍录音，判断正误：

1. ×　2. √　3. √　4. ×　5. √

四、写下你听到的句子：

1. 这不，节目单都拿到手了。
2. 我们班排练了一个小话剧，我在里面演爸爸。
3. 通过这个小节目，我感觉我的汉语水平提高了不少呢！

第三部分

以下是根据第三段短文的问题

请回答下列问题：
1. 大学的业余生活怎么样？
2. 新生入校的时候都有什么活动？
3. 大学里都有什么集体活动？
4. "我"最喜欢的活动是什么？
5. "我"为什么最喜欢这个活动？

第四部分

根据录音及其问题，在 A、B、C、D 四个答案中选择唯一恰当的答案：

1. 今晚的节目都很精彩，歌曲和舞蹈是少不了的，另外还有杂技、魔术。
   问：关于今晚的节目，下面哪一句是正确的？

2. 晚会上的节目真是够丰富的，最受欢迎的是中国的传统节目京剧和相声。
   问：关于这句话的意思，下面哪一句是正确的？

3. 我不是早就告诉你小王已经回国了吗，你怎么还来我这里找他？
   问：关于这句话的意思，下面哪一句是正确的？

4. 我在那个小话剧里演爸爸，通过排练这个话剧，我的汉语水平提高了不少呢！
   问：关于这句话的意思，下面哪一句是正确的？

5. 元旦晚会马上就开始了，叫你妈先别洗衣服了，快来一起看吧！
   问：关于这句话的意思，下面哪一句是正确的？

6. 女：老师，大佑打电话跟我说他发烧了，现在很难受，我想请假陪他一起去医院，可以吗？
   男：赶紧去吧！
   问：老师的意思是什么？

7. 女：师傅，请问学校附近有修自行车的吗？
   男：银行旁边有一个，但是修得不怎么样；再往前走，饭馆西边还有一个,那儿修得还行。
问:男的告诉女的应该去哪儿修车?

8. 女:什么事这么高兴啊?不是你留学的手续办成了吧?
男:你还真猜中了!
问:男的怎么样?

9. 女:你们班新来的学生怎么样?
男:他的口语还可以,可是语法和读写能力比较差。
女:汉字写得怎么样?

男:他说他没学过,一个汉字都不会写,所以我很担心他跟不上我的汉字课。
问:关于这段对话,下面哪一句是正确的?

10. 女:你怎么了?为什么一到家就躺在床上,是不是哪里不舒服?
男:不知道为什么,我肚子特别难受,可能是早上喝的牛奶变质了。
问:男的怎么了?

1. D 2. C 3. D 4. A 5. B
6. D 7. C 8. B 9. C 10. B

第十四课　你不是喜欢散步吗

课　文

一　你不是喜欢散步吗

海　伦：真羡慕你,你游泳游得很好,网球打得也不错。而我这个人对运动一点儿兴趣也没有。

罗伯特：你不是喜欢散步吗? 这也是一种运动。

海　伦：连小孩子也会散步,这算什么运动?

罗伯特：散步对健康很有好处,当然算是运动;另外爬山也是一项很好的运动。我们周围有很多山,周末的时候可以去爬山。

海　伦：这个主意不错,秋天到了,山上的风景也一定很美。

罗伯特：对,现在去爬山,既可以锻炼身体,又可以欣赏风景。

海　伦：我也应该培养培养对运动的兴趣,不如这个周末我们就一起去爬山!

罗伯特：就这样说定了,再叫上大佑、张明他们吧,人多热闹,到时候我们再来个登山比赛。

二　你对减肥也感兴趣吗

朴大佑：知恩,听说你正在减肥,是真的吗?

李知恩：我来中国后胖了八公斤,上次回国我妈妈开玩笑说都不认识我了。怎么,你对减肥也感兴趣吗?

朴大佑：不是我,是我妹妹。她听说中国的减肥茶不错,非要我给她买不可。

李知恩：我看过你们家人的照片,你妹妹不是挺瘦的吗?

朴大佑：说得是啊! 谁知道现在的女孩子怎么了,已经很瘦了,却还要减肥! 其实减肥最好的方法是运动。

李知恩：我也知道减肥茶、减肥药对身体不好,可是我这个人真的不喜欢运动,所以只好喝减肥茶试试了。

朴大佑：你能给我介绍一下儿哪种牌子的减肥茶效果比较好吗？

李知恩：说实话,我买了好几种减肥茶,还没比较出来哪种好呢,等以后再告诉你吧。

三 看足球比赛

七岁的丽丽和她的叔叔一起看电视,电视正在播足球比赛,叔叔告诉丽丽说:"电视里黑头发的是中国队,红头发或者黄头发的是外国队。"叔叔怕丽丽不明白,又对她说:"中国人是黑头发的。"丽丽问:"那我爷爷是白头发的,他是哪个国家的人呀？"

练习

第一部分

二、再听一遍录音,判断正误:

1. × 2. √ 3. √ 4. × 5. ×

四、写下你听到的句子:

1. 而我这个人对运动一点儿兴趣也没有。
2. 散步对健康很有好处,当然算是运动;
3. 这个主意不错,秋天到了,山上的风景也一定很美。

第二部分

二、再听一遍录音,判断正误:

1. √ 2. × 3. × 4. √ 5. ×

四、写下你听到的句子:

1. 上次回国我妈妈开玩笑说都不认识我了。
2. 她听说中国的减肥茶不错,非要我给她买不可。
3. 你能帮我介绍一下儿哪种牌子的减肥茶效果比较好吗？

第三部分

以下是根据第三段短文的问题

请回答下列问题：

1. 丽丽今年多大了？
2. 丽丽和谁一起看电视？
3. 他们在看什么？
4. 黄头发的是哪个队？

第四部分

根据录音及其问题，在 A、B、C、D 四个答案中选择唯一恰当的答案：

1. 我爸爸喜欢游泳，妈妈喜欢散步，我最喜欢的是打网球。
   问：说话人最喜欢的是什么？

2. 除了开车，小刘什么都不会，更别提修电脑了。
   问：关于小刘，下面哪一句是正确的？

3. 每次看见喜欢的东西，她就非要我给她买不可，我哪有那么多钱啊！
   问：关于这句话的意思，下面哪一句是正确的？

4. 蓝的那件太肥了，黄的我又不喜欢，还是买红的最合适。
   问：说话人在说什么？

5. 我不管你有什么事，一个学生连考试都能迟到，还能做好什么？
   问：说话人是什么语气？

6. 女：今天怎么回来得这么早啊？
   哎？哪儿来的玫瑰花？
   男：你忘了今天是什么日子了啊？这花是祝贺我们的婚姻又长一岁的礼物！
   问：今天是什么日子？

7. 女：我瘦到51公斤了。这个月又减了两公斤，比两个月前瘦了五公斤呢！
   男：看把你高兴的。我就不明白瘦了有什么好的。
   问：两个月以前女的体重是多少？

8. 女：您好，我要买一张话剧《雷雨》的票。
   男：对不起，刚刚卖完。
   问：这段对话可能发生在哪儿？

9. 女：听说你很喜欢运动。
   男：是啊。我每天早上五点跑步，下午四点打网球，晚上七点出去散步。
   女：你的生活习惯真好。我每天都又忙又累，你跑步的时候我可能刚休息。

问:女的可能几点睡觉?

10. 男:最近你是越来越苗条了。减肥了吗?

女:我忙得要命,连吃饭睡觉的时间都没有,哪有工夫减肥啊!

问:女的最近怎么了?

1. D 2. A 3. D 4. A 5. C
6. D 7. D 8. B 9. B 10. A

第十五课　他俩离婚了

课　文

一　他俩离婚了

李　林：你听说了吗？张伟和他太太离婚了！
王　玲：什么？怎么回事？他们看起来很好，为什么要离婚呢？
李　林：据说是因为夫妻俩性格不合适，具体的我也不太清楚。
王　玲：我看他俩平时挺好的，没看出来有什么矛盾。
李　林：这很难说，有些事不能只看表面。
王　玲：说得也是。不过我觉得挺可惜的，当初他们是多好的一对儿！
李　林：没错儿，他俩可是"郎才女貌"啊！我也觉得他们俩离婚真让人想不到。
王　玲：别说人家了，你和你太太怎么样啊？
李　林：当然很恩爱啦！虽然我有点儿怕老婆，哈哈！

二　你怎么看这个问题

王　玲：现在孩子们的学习压力越来越大了。
李　林：对啊，他们每天除了在学校里上课以外，回家还要做很多作业，就连暑假也得参加各种补习班。
王　玲：对这个问题你怎么看？
李　林：我认为孩子们需要玩儿，他们需要快乐的童年，而不是整天学这个，学那个。
王　玲：我同意。但是家长们这样做也是为孩子好。
李　林：他们的想法是对的，但是做法不好。其实有很多东西孩子们是在玩儿中学会的。
王　玲：所以应该多给孩子们一些玩的时间。
李　林：对，玩儿可以给他们带来很大的乐趣，也可以让他们在玩儿的时候找到自己的兴趣和爱好！

王　玲：确实是这样!

三　现代人的压力

现代人的生活压力是越来越大了。这些压力来自工作和家庭,特别是对中年人来说,更是这样。他们不仅要工作,还要照顾父母和孩子。因为工作和心情的原因,他们常常容易觉得疲劳。虽然没有生病,但是有时候好像生了病一样,常常感到头疼、烦躁。所以,保持良好的心态非常重要!

第一部分

二、再听一遍录音,判断正误:
1. √　2. ×　3. √　4. √　5. √

四、写下你听到的句子:
1. 我看他俩平时挺好的,没看出来有什么矛盾。
2. 这很难说,有些事不能看表面。
3. 没错儿,他俩可是"郎才女貌"啊!

第二部分

二、再听一遍录音,判断正误:
1. √　2. √　3. ×　4. ×　5. √

四、写下你听到的句子:
1. 现在孩子们的学习压力越来越大了。
2. 我认为孩子们需要玩儿,他们需要快乐的童年。
3. 玩儿可以给他们带来很大的乐趣。

第三部分

以下是根据第三段短文的问题

请回答下列问题:
1. 这篇短文主要介绍什么话题?

2. 现代人的生活压力来自于哪儿?
3. 一般中年人的生活压力有哪些?
4. 有了很大的压力以后,他们有什么表现?
5. 谈谈怎样减少生活的压力?

第四部分

根据录音及其问题,在 A、B、C、D 四个答案中选择唯一恰当的答案:

1. 最近我常常和我太太有矛盾,我可不想这样,所以以后得对她好点儿。
   问:男的怎么了?

2. 现在的孩子学习压力太大了,我女儿晚上做作业有时候要到十点多呢!真是的!
   问:关于这句话的意思,下面哪一句是正确的?

3. 有些事情不能只看表面,因为表面上是看不出来什么的。
   问:说话人是什么意思?

4. 老张虽然是个好丈夫,可是他这么怕老婆干什么?
   问:说话人是什么意思?

5. 男:结婚以前我太太不会做饭,结婚以后我把她教会了后来做得可好吃了!
   女:看来结婚以后你没怎么做饭!我要是你太太,才不给你做呢!
   问:女的是什么意思?

6. 男:现在离婚的人越来越多了,也不知道是什么原因?
   女:那谁知道啊!
   问:女的是什么意思?

7. 女:昨天我去朴大佑的房间玩儿,他的房间别提有多乱了!
   男:这有什么?没结婚的男孩儿都这样!
   女:看来你的房间也很乱!
   问:关于这段对话,下面哪一句是正确的?

8. 男:小王到现在也没女朋友,是不是因为要求的条件太高了?
   女:是啊,我都不知道他见了到底有多少个了,都不满意!
   问:女的是什么意思?

9. 男:下辈子我一定不做男人了,做男人的压力太大了!
   女:你以为做女人就不辛苦了?
   问:女的是什么意思?

10. 男:我那儿子聪明是聪明,就是不

爱学习!
女:小孩子正是爱玩儿的时候,这没关系,你千万别给孩子太大的压力!
问:关于这段对话,下面哪一句是正确的?

1. B 2. C 3. B 4. C 5. C
6. A 7. A 8. B 9. C 10. A

第十六课　装修新房可不是个轻松的活儿

课　文

一　装修新房可不是个轻松的活儿

女：小李,好久不见了,最近在忙什么呢？
男：我姐在北京买了套新房,正在装修,所以我去帮忙了,上周刚刚回来。
女：那真是辛苦你了,装修新房可不是个轻松的活儿。听说北京的房价很高,你姐的房子也一定很贵吧？
男：还行。北京的房价是比济南高,但是也要看位置。我姐的房子在市区,所以可能稍微贵点儿。
女：那房子怎么样？
男：三室两厅,有一百五十多平方米呢。
女：真够大的！有车库吗？
男：买车库太贵了,一个要十万呢。小区有地下停车场,挺方便的,他们平时就把车停在那儿。

二　重新布置我的房间

李知恩：大佑,我在重新布置房间,你能来帮帮忙吗？
朴大佑：没问题！搬东西的力气活儿当然是我们男生来干。说吧,怎么搬？
李知恩：我想把桌子移到窗户前,把床放到它旁边,然后把书橱放在右边的墙角里。
朴大佑：那你的梳妆台呢？
李知恩：梳妆台就不动了,我看放在原来的地方就挺好。
朴大佑：不过我得先把梳妆台搬到走廊去,不然搬别的东西时会不方便。
李知恩：好的,我们一起来搬吧。……

三 欢迎你来参观我的房间

今天我请大佑帮忙重新布置了我的房间,改变了一下原来家具的位置,现在一进我的房间你就会看到:左边是我舒适的小床,右边是我心爱的书橱,美丽的梳妆台就放在床的旁边。现在就缺一个漂亮的窗帘了,所以下午我打算再让大佑陪我去商店逛逛。

 练习

第一部分

二、再听一遍录音,判断正误:
  1. × 2. √ 3. √ 4. √ 5. √

四、写下你听到的句子:
  1. 装修新房可不是个轻松的活儿。
  2. 北京的房价是比济南高,但是也要看位置。
  3. 小区有地下停车场,挺方便的,他们平时就把车停在那儿。

第二部分

二、再听一遍录音,判断正误:
  1. × 2. √ 3. × 4. √ 5. √

四、写下你听到的句子:
  1. 搬东西的力气活儿当然是我们男生来干。
  2. 我想把桌子移到窗户前,把床放到它旁边。
  3. 梳妆台就不动了,我看放在原来的地方就挺好。

第三部分

以下是根据第三段短文的问题

请回答下列问题:
  1. 今天"我"干什么了?

2. "我"请谁帮忙了?
3. "我"的梳妆台放在哪儿?
4. "我"下午要去干什么?

第四部分

根据录音及其问题,在 A、B、C、D 四个答案中选择唯一恰当的答案:

1. 北京的房价是比济南高,但是也要看位置。
   问:关于房价,下面哪一句是不正确的?

2. 我想把桌子移到窗户前,把床放到它旁边,然后把书橱放在右边的墙角里。
   问:说话人没有提到哪一种家具?

3. 看完电影以后,我们一起吃了晚饭,又去咖啡厅坐了一会儿,然后就各自回家了。
   问:按照时间顺序,说话人都干什么了?

4. 即使再忙,这么重要的会议也不能不参加吧?
   问:说话人是什么意思?

5. 男:来中国半年了,你对这里已经很了解了吧?
   女:怎么说呢?虽然来了这么久,可是我几乎每天都在学校里,很少出去逛街,所以就连学校附近的很多地方都没去过。
   问:关于女的,下面哪一句是正确的?

6. 女:好久不见,最近过得好吗?
   男:还可以,就是缺一个女朋友,你给我介绍一个怎么样?
   问:关于男的,下面哪一句是**不**正确的?

7. 女:海伦生活很有规律:每天上午复习三个小时语法,下午练习两个小时口语,晚上还要写一个小时汉字。
   男:是啊,海伦真是个好学生!
   问:关于海伦,下面哪一句是正确的?

8. 女:请给我来一个糖醋鱼、一碗西红柿鸡蛋汤和一份米饭。
   男:不好意思,糖醋鱼没有了,给您换成糖醋里脊可以吗?
   女:我不吃猪肉。要个土豆丝吧。
   问:这顿饭女的可能吃了什么?

9. 女:小刘说话太快了,让人根本听不清楚。

男：你别说他，你们俩差不多。
女：我说话不清楚？你开玩笑吧？
问：关于这段对话，下面哪一句是正确的？

10. 女：对不起，请您说得慢一点儿。我才学了两个月汉语，听不懂你刚才说的话。
男：好吧，我再慢点儿说一遍。
问：女的为什么听不懂？

1. B 2. D 3. C 4. C 5. A
6. B 7. A 8. B 9. D 10. D

第十七课　没课的时候你经常做什么

课　文

一　没课的时候你经常做什么

罗伯特：知恩,平时没课的时候你经常做什么?
李知恩：如果是寒暑假,我不是回国就是去旅游;如果是周末,我一般会出去逛逛街,看看电影,累的话就在房间看电视、聊天儿。
罗伯特：每个周末都这样过,那多没意思！我们男生周末一般会组织足球比赛、篮球比赛什么的,一方面锻炼身体,另一方面也能认识很多新朋友。
李知恩：听起来是不错,可是女孩子好像都不怎么爱运动吧,所以对这些比赛大家可能都没兴趣。
罗伯特：你们不喜欢参加,但是可以来观看啊？我们分成不同的队来比赛,你们也可以组织不同的啦啦队来给我们加油嘛！
李知恩：罗伯特,你真聪明,说是让我们女生锻炼身体,原来是在给你们男生找观众啊！

二　中国人的春节

海　伦：张明,我知道中国的节日很多,而且每一个节日都有自己独特的娱乐方式,对吗?
张　明：对啊。你来中国以后都过了哪些节日了?
海　伦：不多。听说春节是中国最重要的传统节日,那一天中国人会吃饺子、放鞭炮、贴春联。
张　明：对呀,过春节的时候每个中国家庭都要团聚在一起,晚辈给长辈拜年,长辈给晚辈压岁钱,可热闹了。
海　伦：听说现在越来越多的年轻人过春节的时候选择出去旅游。
张　明：对,春节虽然是我们的传统节日,但是现在过节的方式有了很大的变化。

海　伦：今年寒假我的辅导老师邀请我去他家过春节,我很想看看中国人是怎么过春节的。

三 一场篮球比赛

　　上个周末我们班组织了一场男女生篮球比赛,原来是观众的女生们这一次都参加了比赛,但是可能因为平时不怎么运动,所以女生们打得并不好,不是挤在一起抢球,就是投篮很多次也进不了。比赛结束后,体育老师开玩笑地说:"你们女孩子打篮球,有橄榄球比赛的打法和足球比赛的分数。"

第一部分

二、再听一遍录音,判断正误:
　　1. √　2. ×　3. √　4. √　5. √

四、写下你听到的句子:
　　1. 如果是寒暑假,我不是回国就是去旅游。
　　2. 一方面锻炼身体,另一方面也能认识很多新朋友。
　　3. 原来是在给你们男生找观众啊!

第二部分

二、再听一遍录音,判断正误:
　　1. ×　2. ×　3. ×　4. √　5. ×

四、写下你听到的句子:
　　1. 春节是中国最重要的传统节日。
　　2. 过春节的时候每个中国家庭都要团聚在一起。
　　3. 听说现在越来越多的年轻人过春节的时候选择出去旅游。

第三部分

以下是根据第三段短文的问题

　　请回答下列问题:
　　1. 上个周末"我们班"有什么活动?

2. 这一次女生们打篮球打得怎么样?
3. 女生为什么打得不好?
4. 体育老师开了什么玩笑?

第四部分

根据录音及其问题,在 A、B、C、D 四个答案中选择唯一恰当的答案:

1. 如果是寒暑假,我不是回国就是去旅游。
   问:说话人寒暑假的时候做什么?

2. 中国的每一个节日都有自己独特的娱乐方式。
   问:这句话是什么意思?

3. 除了汉语,我还会说英语和日语,还能看懂法文。
   问:说话人会说哪几种语言?

4. 他很聪明,几乎对每一个问题都有自己独特的看法。
   问:关于这句话的意思,下面哪一句是正确的?

5. 贵是贵了点儿,可这房子位置很好,而且装修得也很漂亮。
   问:这房子怎么样?

6. 女:我给你买点儿什么礼物带回去好呢?
   男:还买什么礼物啊!你赶紧回来吧!
   问:男的想让女的做什么?

7. 女:他是我最喜欢的篮球运动员。
   男:听说他不光篮球打得好,还曾经打过棒球,橄榄球打得也不错呢!
   问:下面哪种球男的**没有**提到?

8. 女:你给小陈打电话了吗?她明天到底跟不跟咱俩一起去北京?
   男:我问过了,她说明天来不及,先让小方跟我们走,她晚两天再去。
   问:明天几个人去北京?

9. 女:我真怕这次考试不及格。
   男:这正是我想说的话。你学习这么努力,还用担心?
   女:我最近心情不好,干什么都没兴趣。就连学习也不像以前用功了。
   问:关于女的情况,下面哪一句是**不**正确的?

10. 男:周末我想去郊游,咱们一起去爬山怎么样?
    女:周末我倒是有时间,可是咱们

怎么去呢？坐公共汽车太挤了。

男：我有摩托车呀！我骑车带着你去不就得了。

女：你别开玩笑了，你那两下子我可知道。

问：关于这段对话，下面哪一句是正确的？

1. D 2. A 3. D 4. C 5. D
6. D 7. B 8. B 9. A 10. D

第十八课　你理想的女朋友是什么样子的

课　文

一　你理想的女朋友是什么样子的

李知恩：　大佑,你打算什么时候结婚?
朴大佑：　结婚?我现在连女朋友都没有,和谁结婚啊?
李知恩：　呵呵,不会吧?你长得又高又帅,人也这么好,说没有女朋友谁相信!
朴大佑：　不骗你,我真的还没有女朋友呢!我觉得谈恋爱和长得帅不帅没关系,最重要的是缘分。中国人不是最讲究缘分吗?
李知恩：　说得是啊!你理想的女朋友是什么样子的?
朴大佑：　没有什么具体的要求,只是觉得跟我性格合适就行。
李知恩：　我才不信呢!你嘴上这么说,可心里一定在想要找一个漂亮、苗条、性格温柔的女孩子吧?
朴大佑：　哈哈哈!你怎么知道的?我想对男人来说,女人最重要的是善良。
李知恩：　看不出来你还挺有自己想法的呢!

二　说说你找男朋友的标准

朴大佑：　你是不是也该说说你找男朋友的标准啊?
李知恩：　我跟你一样,我也希望能找到跟我合适的人。
朴大佑：　说得具体一点儿嘛。你觉得男人的外表重要吗?
李知恩：　不是特别重要,当然我还是喜欢个子高一点儿的男孩子。
朴大佑：　只是个子高就够吗?那学历和职业呢?
李知恩：　学历高低没关系,最重要的是有能力。不过我想找一个当医生的。
朴大佑：　你的条件不错,应该很快就能找到自己喜欢的人。
李知恩：　谢谢!不过我想,如果真碰到自己喜欢的人,所有的条件也就都不重要了。

三 感觉最重要

年轻人在一起,喜欢谈论爱情这个话题。比如"有没有朋友"、"喜欢什么类型的人",都是我们关心的问题。那天,我和大佑也谈起了爱情,我们都说出了自己想找的理想对象是什么样子的。大佑认为女人最重要的是善良,而我喜欢个子高一点儿的男生,最好是当医生的。但是,我想对现在的年轻人来说,其实感觉才是最重要的,如果真碰到了自己喜欢的人,所有的条件也就都不重要了。

练习

第一部分

二、再听一遍录音,判断正误:
　　1. √　2. √　3. ×　4. √　5. ×

四、写下你听到的句子:
　　1. 我觉得谈恋爱和长得帅不帅没关系,最重要的是缘分。
　　2. 你理想的女朋友是什么样子的?
　　3. 我想对男人来说,女人最重要的是善良。

第二部分

二、再听一遍录音,判断正误:
　　1. √　2. ×　3. √　4. √　5. ×

四、写下你听到的句子:
　　1. 你觉得男人的外表重要吗?
　　2. 学历高低没关系,最重要的是有能力。
　　3. 不过我想找一个当医生的。

第三部分

以下是根据第三段短文的问题

请回答下列问题:
1. 年轻人喜欢谈论什么话题?

2. 大佑觉得女人什么最重要?
3. "我"喜欢什么样的男生?
4. "我"觉得什么是最重要的?
5. 如果碰到自己喜欢的人会怎么样?

第四部分

根据录音及其问题,在 A、B、C、D 四个答案中选择唯一恰当的答案:

1. 小张长得又高又帅,人也这么好,说没有女朋友谁相信!
   问:关于这句话的意思,下面哪一句是正确的?

2. 我觉得谈恋爱和长得帅不帅没关系,最重要的是缘分。
   问:说话人对谈恋爱有什么看法?

3. 如果真碰到自己喜欢的人,外表、工作、学历什么的,所有的条件都不重要了。
   问:说话人觉得碰到自己喜欢的人会怎么样?

4. 你真厉害,去市场买菜还打车!
   问:说话人是什么意思?

5. 你有这么好的一个女朋友,真幸福。
   问:说话人是什么语气?

6. 女:昨天我去看小林的新房了,装修得真漂亮。
   男:啊?已经装修好了?我还准备去帮忙呢。
   问:男的是什么意思?

7. 男:这本书怎么样?
   女:还可以。但是比那本稍微差了点儿。
   男:当然了,那本书的作者有名多了!
   问:那本书怎么样?

8. 女:好久不见,最近好吗?
   男:一般吧。身体还行,就是越来越忙了。
   问:关于男的,下面哪一句是正确的?

9. 女:小刘,什么时候和小王结婚?
   男:以前还想过,现在看来是没这个缘分了!
   问:小刘怎么了?

10. 男:小李,给你新介绍的男朋友怎么样?
    女:学历不低,工作嘛也不错,不过个子还没我高呢,长得也马马虎虎。
男:这么帅的男孩你还不满意?真不知道你是怎么想的。

问:女的觉得她的男朋友怎么样?

1. C 2. A 3. D 4. D 5. B
6. D 7. C 8. D 9. B 10. B

第十九课　求助电话

课　文

一　求助电话

海　　伦：昨天半夜,我的一个朋友得了急性肠胃炎,她肚子疼得睡不着觉。
朴大佑：那可怎么办呢,这么晚了怎么去医院?
海　　伦：幸亏我知道中国医院急救中心的电话,所以我赶紧打了120,救护车不到十分钟就到了。
朴大佑：现在你朋友怎么样了?
海　　伦：因为及时送到了医院,现在已经没什么大事儿了。
朴大佑：那么在中国万一遇到其他紧急情况,还有哪些常用的服务电话?
海　　伦：如果想查一个电话号码,你可以打114。
朴大佑：如果一个地方发生了火灾,应该打哪个电话?
海　　伦：应该打119。还有,110是报警电话。
朴大佑：你怎么知道得那么多?
海　　伦：当然了,因为我是"中国通"嘛!

二　我想请您帮个忙

李知恩：先生,您好!我想请您帮个忙!
服务员：有什么需要帮助的,您请讲。
李知恩：我刚才去了趟卫生间,回来后发现我朋友不见了,我找遍了整个候车室也没找到他。
服务员：小姐,您别急。我可以帮您广播一下儿。请问,你们叫什么名字,从哪儿来?
李知恩：我是李知恩,我朋友叫朴大佑,我们是韩国留学生。
服务员：好的,请稍等!
　　　　旅客们请注意,现在广播找人!请韩国留学生朴大佑先生马上到候车室服务台,您的朋友正在找您!
朴大佑: 知恩,我回来了!
李知恩: 大佑,你刚才去哪儿了?急死我了!
朴大佑: 刚才我看见一位老奶奶一个人提了很多东西,我看离火车开的时间还早,就把她送到车上去了。
李知恩: 原来是做好事去了,哈哈!

三 我想去机场

一个留学生想坐出租车去机场,但是他不会说汉语,他跟司机说了半天,司机也不明白他要去哪儿,于是他只好张开他的两只胳膊,模仿成飞机的样子。司机一下子就明白了,说:"知道了,知道了。"司机很快就把这个留学生送到了一个地方,留学生下车一看,是一家"全聚德烤鸭店"。

练习

第一部分

二、再听一遍录音,判断正误:
　　1. ×　2. ×　3. √　4. ×　5. ×

四、写下你听到的句子:
　　1. 幸亏我知道中国医院急救中心的电话。
　　2. 在中国万一遇到其他紧急情况,还有哪些常用的服务电话?
　　3. 如果想查一个电话号码,你可以打114。

第二部分

二、再听一遍录音,判断正误:
　　1. √　2. ×　3. √　4. √　5. ×

四、写下你听到的句子:
　　1. 我找遍了整个候车室也没找到他。
　　2. 您别急。我可以帮您广播一下儿。
　　3. 你刚才去哪儿了?急死我了!

第三部分

以下是根据第三段短文的问题

请回答下列问题：
1. 那个留学生想去哪儿？
2. 那个留学生为什么要模仿飞机的样子？
3. 司机把留学生送到了什么地方？
4. 为什么司机把留学生送到了那个地方？

第四部分

根据录音及其问题，在A、B、C、D四个答案中选择唯一恰当的答案：

1. 还好朋友呢,怎么连这点儿忙也不帮？
   问：说话人是什么语气？

2. 难怪迈克知道得那么多,原来他已经在中国待了两年了,是个"中国通"。
   问：关于迈克,下面哪一句是正确的？

3. 是张明吗？我差点儿没认出来,你怎么变得这么瘦啊？
   问：关于这句话的意思,下面哪一句**不**正确？

4. 等车的人怎么那么多啊？幸亏我们来得比较早,要不然没座儿了,火车还有四十多分钟才开呢！
   问：他们可能在哪儿？

5. 我的电脑坏了,就找了朴大佑来帮我修,你还别说,人家十多分钟就修好了！
   问：这句话告诉我们什么？

6. 女：小刘,刚才有个女的给你打电话了。
   男：她说什么了没有？
   女：没说什么,就说过一会儿再给你打。
   问：关于这段对话,下面哪一句是正确的？

7. 女：幸亏你早通知了我,要不然我就白跑了一趟,太谢谢你了！
   男：你客气什么？咱俩谁跟谁啊？
   问：男的是什么意思？

8. 女：你怎么回来得这么晚？
   男：公司同事有聚会,我们在一起

喝了点儿酒,就回来晚了。
女:那也应该往家里打个电话啊!
问:对话中的两个人最有可能是什么关系?

9. 女:我家的网上不去了,我应该打哪个电话?

男:你可以打10060服务电话。
问:女的应该打什么电话?

10. 女:你刚才去哪儿了,急死我了!
男:我不就是去了一趟卫生间吗?急什么?
问:男的是什么意思?

1. B 2. C 3. B 4. C 5. B
6. C 7. C 8. A 9. D 10. A

第二十课　我教你做中国菜吧

课　文

一　我教你做中国菜吧

李知恩：来中国这么长时间了,我还不会做中国菜呢,不知道在哪儿能学一学?
张　明：你的老师就在这儿嘛。我可以教你做中国菜。
李知恩：听说很多中国男人会做菜,难道你也会做菜吗?
张　明：你可别小看我!我会做西红柿炒鸡蛋啦、炒土豆丝啦等很多家常菜。
李知恩：我这儿有鸡蛋,也有西红柿,你教我做西红柿炒鸡蛋吧。
张　明：首先,把西红柿洗干净,切成一小块一小块的。然后把鸡蛋打到碗里搅匀,再往锅里放上油,等油热了就可以炒了。
李知恩：先放鸡蛋还是先放西红柿?
张　明：先放鸡蛋,把鸡蛋炒好后,再放西红柿。
李知恩：好了,已经做好了,你尝尝,味道怎么样?
张　明：怎么不咸?哦,原来是忘了放盐。

二　让您尝尝我的手艺

孩　子：妈,我回来了。
刘老师：饭马上就做好了,快点儿洗洗手准备吃饭吧!
孩　子：您做的是什么好吃的呀?闻着这么香,我来瞧瞧!
刘老师：是你最爱吃的海带炖排骨。
孩　子：真棒,今天中午可以大吃一顿了。别说,我还真有点儿饿了呢!
刘老师：你这只馋猫。只会吃不会做。
孩　子：等周末,不,等放暑假的时候,我一定学一学,让您尝尝我的手艺。
刘老师：说得好听,到时候还不是整天忙着写作业?

孩　　子：您真了解我！谁让我是爱学习的好学生呢！
刘老师：好了，菜可以了，快拿个碗盛上吧！
孩　　子：这个工作简单，不用学就会！

三 点菜

　　一位不懂法语的女游客到法国度假。她走进一家饭馆，服务员立刻热情地递上菜单。她接过来一看，上面全是法国文字，一个也不认识。于是，她就随便地指着菜单最上面的一行字对服务员说："就吃它，我想它一定是你们的特色菜。"服务员一看点的菜，非常吃惊，忙说："对不起小姐，那不是菜名，那是我们经理的名字！"

练习

第一部分

二、再听一遍录音，判断正误：
　　1. √　2. ×　3. √　4. ×　5. ×

四、写下你听到的句子：
　　1. 听说很多中国男人会做菜，难道你也会做菜吗？
　　2. 你可别小看我！
　　3. 已经做好了，你尝尝，味道怎么样？

第二部分

二、再听一遍录音，判断正误：
　　1. ×　2. √　3. ×　4. √　5. ×

四、写下你听到的句子：
　　1. 你这只馋猫。只会吃不会做。
　　2. 到时候还不是整天忙着写作业？
　　3. 谁让我是爱学习的好学生呢！

第三部分

以下是根据第三段短文的问题

请回答下列问题：
1. 这个女游客到哪儿去度假？
2. 她会说这个国家的语言吗？
3. 她在饭馆的时候点了什么菜？
4. 服务员看到她点的菜以后是什么态度？

第四部分

根据录音及其问题，在 A、B、C、D 四个答案中选择唯一恰当的答案：

1. 我们学校附近有一家饭馆，那里的川菜特别好吃，而且价格也没那么贵。
   问：关于这家饭馆，下面哪一句是正确的？

2. 我听说在日本牛肉很贵，可是在北京牛肉跟别的肉的价格差不了多少。
   问：这句话告诉我们什么？

3. 老张的太太拿他没办法，因为没有一次吃饭老张不喝酒的。
   问：这句话是什么意思？

4. 海伦刚来中国的时候怎么也不会用筷子，现在用筷子用得比谁都好。
   问：关于这句话的意思，下面哪一句是正确的？

5. 现在的女孩子真奇怪，明明已经很瘦了，却还说自己胖，而且还要减肥呢！
   问：现在的女孩子怎么样？

6. 男：小华，中午在学校里你怎么吃的？
   女：没怎么吃，中午觉得不大饿，就随便吃了点儿面条儿。
   问：关于这个对话，下面哪一句是正确的？

7. 男：你这只馋猫，只会吃不会做！什么时候你也学学做饭？
   女：让我学做饭啊，等太阳从西边出来的时候吧！
   问：女的是什么意思？

8. 男：你工作忙了一天，下班回家后还要做饭，挺累的吧！

女:哎!谁让我是当妈的呢!当然得照顾孩子啦!

问:女的是什么意思?

9. 男:我做的这个海带炖排骨怎么样?

女:味道真不错!你还别说,我还真想学学呢。

问:女的是什么意思?

10. 男:看他这么又瘦又小的样子,怎么跑得这么快!

女:你可别小看人家!人家在跑步比赛中常常得第一名呢!

问:关于女的意思,下面哪一句是**不**正确的?

答案

1. A 2. D 3. A 4. B 5. C
6. C 7. B 8. D 9. B 10. A

第二十一课　很多人选择在假期去旅游

课　文

一　很多人选择在假期去旅游

海　伦：五一、十一都放七天假,中国人一般做什么?
张　明：很多人选择在假期去旅游。
海　伦：在这期间很多旅游景点人是不是非常多?
张　明：是啊,所以有些人选择待在家里度长假。
海　伦：待在家里有什么意思?
张　明：因为很多人平时工作太累了,他们想趁这个假期补补觉,可是常常一觉就睡到中午甚至下午。
海　伦：睡得太多对身体不好吧!听说有人会利用假期和朋友聚会,联络一下感情。
张　明：你说得没错儿,他们的娱乐活动多得很,比如唱唱卡拉OK、打打扑克、一起开车去郊区玩儿、钓钓鱼什么的。

二　这个假期去哪儿旅游了

李　林：这个假期去哪儿旅游了?
王　玲：我们一家三口开车去青岛玩儿了。
李　林：自己有车就是方便,想去哪儿就能去哪儿。
王　玲：其实自己开车旅游花钱并不少,可是避免了挤车的烦恼,你也出去玩了吧?
李　林：哪儿也没去,因为去年旅游差点儿没回来,所以今年不敢去了。
王　玲：那是怎么回事?
李　林：人多买不着票呗,所以今年没去,在家待着上网、听音乐。对了,你的孩子一定特别喜欢在海边玩儿吧?
王　玲：可不是嘛,平时工作忙,没时间陪孩子,这次跟孩子一起去看大海,孩子特别高兴。

李　林：上次我出差去青岛,对那儿的印象还真不错,空气很干净,建筑也很有特点。

王　玲：我也有同样的感受。我想没准儿退休以后,我们两口还会去青岛定居呢!

三　度假方式

假如有七天的假期,你打算怎么过?很多人选择去旅游,也有一部分人选择去健身房健身。因为平时繁忙的工作使得很多人根本没有时间锻炼,所以他们想利用长假好好锻炼一下。也有人选择与亲友聚会、看望父母或跟朋友见面。商店在这期间一般会打折,所以很多人选择在假期里购物。现在人们越来越重视外表,有的人也会选择在假期去美容。

第一部分

二、再听一遍录音,判断正误:

1. √　2. √　3. √　4. ×　5. ×

四、写下你听到的句子:

1. 很多人选择在假期去旅游。
2. 睡得太多对身体不好吧!
3. 他们的娱乐活动多得很。

第二部分

二、再听一遍录音,判断正误:

1. ×　2. √　3. ×　4. ×　5. √

四、写下你听到的句子:

1. 自己有车就是方便,想去哪儿就能去哪儿。
2. 上次我出差去青岛,对那儿的印象还真不错。
3. 我想没准儿退休以后,我们两口还会去青岛定居呢!

第三部分

以下是根据第三段短文的问题

请回答下列问题：
1. 如果有七天假期，很多人会选择做什么？
2. 工作繁忙的人在假期里会做什么？
3. 放假的时候商店有什么活动？
4. 重视外表的人会在假期里做什么？

第四部分

根据录音及其问题，在A、B、C、D四个答案中选择唯一恰当的答案：

1. 他平时工作很累，想趁这个假期补补觉，所以就没陪爱人去旅游，而是在家里休息，每天都睡到中午。
   问：这个假期他干什么了？

2. 他们的娱乐活动多得很，比如唱唱卡拉OK、打打扑克、一起开车去郊区玩儿、钓钓鱼什么的。
   问：下面哪一种娱乐方式是说话人**没有**提到的？

3. 其实自己开车旅游花钱并不少，可是避免了挤车的烦恼。
   问：自己开车旅游怎么样？

4. 我想没准儿退休以后，我们两口还会去青岛定居呢！
   问：这句话告诉我们什么？

5. 陪她逛了一天，试了那么多衣服，结果她一件都没看上。
   问：她今天干什么了？

6. 女：要是不喜欢这份工作，就换一份别的工作吧。
   男：这工作虽然辛苦、钱也不多，可是还算稳定。再说我都这么大年纪了，还能换什么更好的工作啊！
   问：关于男的工作，下面哪一句是正确的？

7. 女：菲利普好几天没来上课了，不是又病了吧？
   男：你真说对了。他们非洲人哪过过这么冷的冬天，不感冒才怪呢。
   问：关于菲利普，下面哪一句是正确的？

8. 女:昨晚的讲座怎么样?
   男:从八点半一直讲到十一点,累得我都差点儿睡着了。
   女:那讲得一定很不错吧?你做了很多笔记吗?
   男:什么啊!一点儿意思都没有,去了也是浪费时间。
   问:关于这段对话,下面哪一句是正确的?

9. 女:大夫,我男朋友的腿怎么样?我很担心。
   男:没事的,只是擦破了皮,没有伤到骨头。休息几天就行。
   女:那他要一直躺着吗?什么时候能下床走路?
   男:没必要老躺着,伤口不疼了就可以活动。注意这几天先别洗澡。
   问:女的男朋友怎么了?

10. 女:考试马上就开始了,大佑怎么还没来?
    男:他不会是忘了吧?对了,你告诉他明天的考试改在今天了吗?
    女:啊?我以为你会跟他说呢!
    问:大佑为什么还没来?

答案

1. D 2. C 3. C 4. A 5. D
6. D 7. B 8. D 9. A 10. C

第二十二课　我家的电脑上不去网

课　文

一　我家的电脑上不去网

李　　　林：我家的电脑上不去网,不知道是怎么回事?
工作人员：是从什么时候开始的?
李　　　林：昨天晚上还能上去,今天早上就上不去了。
工作人员：这样吧,我们会尽快安排维修人员去检查一下。顺便问一下,用您登记的这个电话号码能联系到您吗?
李　　　林：我等一会儿要出去,下午在家。我再告诉您一个联系电话吧。
工作人员：好,您说吧,我记一下儿,13708418623。我再重复一遍,是13708418623,对吗?
李　　　林：对,那我下午在家等着你们。

二　我的DVD有毛病了

朴大佑：我的DVD有毛病了,能退换吗?
服务员：是什么问题?
朴大佑：有的光盘能放,有的光盘不能放,还有噪音也很大。
服务员：您是什么时候买的? 有发票吗?
朴大佑：让我找找,是这个吗?
服务员：对,我看看,您买的DVD超过一个月了,只能换,不能退。
朴大佑：我觉得这种牌子的DVD质量不好,不想换跟原来一样的,可以看看其他的吗?
服务员：当然可以,请跟我到这边来吧。
朴大佑：您再帮我介绍一种质量好点儿的,价格高点儿没关系。
服务员：您看看这种,这是厂家新出的产品,别看它这么薄,功能可一样也不少。

朴大佑：保修期多久？
服务员：一年内免费修理，一个月以内出现质量问题可以退。
朴大佑：就要您推荐的这种吧。

三 我的二手电脑

　　因为我现在是学生，还买不起新电脑，所以就用打工挣来的钱买了一台二手电脑。刚买一个月时还不错，能打字，也能上网。可是从第二个月开始就老出毛病：首先是总死机，本来打字打得好好儿的，可是打着打着就死机了，结果辛辛苦苦打的东西全都没有了。这台电脑还有一个毛病就是上网的速度特别慢，写一封电子邮件有时候要花半个小时才能发送成功。开始的时候我还非常着急，现在慢慢习惯了，我会利用这半个小时的时间洗衣服、听音乐。

第一部分

二、再听一遍录音，判断正误：
　　1. ×　2. √　3. ×　4. √　5. ×

四、写下你听到的句子：
　　1. 我家的电脑上不去网，不知道是怎么回事？
　　2. 我们会尽快安排维修人员去检查一下。
　　3. 用您登记的这个电话号码能联系到您吗？

第二部分

二、再听一遍录音，判断正误：
　　1. √　2. ×　3. √　4. ×　5. √

四、写下你听到的句子：
　　1. 您买的DVD超过一个月了，只能换，不能退。
　　2. 我觉得这种牌子的DVD质量不好。
　　3. 别看它这么薄，功能可一样也不少。

第三部分

以下是根据第三段短文的问题

请回答下列问题：
1. "我"买了一台什么样的电脑？
2. 电脑刚买的时候怎么样？
3. 第二个月开始，电脑怎么了？
4. 这台电脑上网的速度怎么样？
5. 在电脑发邮件的时候，"我"会做什么？

第四部分

根据录音及其问题，在 A、B、C、D 四个答案中选择唯一恰当的答案：

1. 我在家呢，可是等一会儿要去邮局，下午还要回学校，要不你晚上来吧。
   问：说话人怎么样？

2. 这台 DVD 有的光盘能放，有的光盘不能放，还有噪音也很大。
   问：这台 DVD 怎么了？

3. 您再帮我介绍一种质量好点儿的，价格高点儿没关系。
   问：说话人想要一个什么样的？

4. 我用打工挣来的钱买了一台二手电脑。
   问：这句话告诉我们什么？

5. 女：张大嘴巴，是这儿疼吗？
   男：对，就是这儿！不管是吃凉的还是热的，都疼死了。
   问：男的可能怎么了？

6. 女：你这破电话真不好用，打电话的时候老有噪音。
   男：用了很久，该换了。
   问：电话怎么了？

7. 女：快过春节了，给我买套化妆品当礼物吧。
   男：你用的化妆品我可买不起。
   问：关于这段对话，下面哪一句是正确的？

8. 女：我上个星期刚从青岛回来，那儿简直热死了。
   男：从青岛回来就热死了？下次你去趟济南试试！
   问：男的是什么意思？

9. 男:走,今天我请你吃大餐!
   女:不用了吧,在学校附近找个小饭馆就行。
   男:那些饭馆我都吃遍了,没有一家好吃的。
   问:男的是什么意思?

10. 女:昨天你干什么去了?
    男:我没出去啊,一直呆在房间里看书呢。
    女:别骗人了,我打电话一直都没人接。
    男:哦,那可能是我太累了,看着看着就睡着了吧。
    问:关于这段对话,下面哪一句是**不**正确的?

1. B   2. C   3. D   4. B   5. A
6. D   7. D   8. C   9. D   10. D

第二十三课　我想租一套房子

课　文

一　我想租一套房子

工作人员：您好,欢迎光临,请问,您想买房还是租房?
罗　伯　特：我租一套学校附近的房子,最好是两室一厅。
工作人员：请稍等,我帮您查一下,这儿有一套符合您条件的。
罗　伯　特：房租一个月多少钱?
工作人员：1200元钱。
罗　伯　特：房租太高了,能不能低一些?
工作人员：这个价儿可不贵,这套房子里有家具、空调、暖气和煤气。
罗　伯　特：房租包括其他所有的费用吗?
工作人员：不包括,水费和电费要另付。
罗　伯　特：什么时候可以看房子?
工作人员：如果您现在有时间,我马上就带您去看。

二　对这套房子满意吗

工作人员：这就是您要租的房子,有两个卧室、一个客厅。
罗　伯　特：我看看,嗯,还行。请问厨房在哪儿?
工作人员：在北边的阳台上。我带您看一下,您看,厨房设施也挺全的。您觉得满意吗?
罗　伯　特：还可以,房产证和合同都带来了吗?
工作人员：带来了,您先仔细看一遍,如果没有问题,请在这儿签上名字。
罗　伯　特：房租怎么支付?
工作人员：您可以选择三个月付一次,也可以半年付一次,另外还要再付五十元钱的中介费。
罗　伯　特：我选择三个月付一次。

三 我不能让房间空着

妻子刚从巴黎回来,告诉她的丈夫:"在巴黎的时候,每天我要交500法郎的房租,太贵了。"丈夫同意她的话,说:"500法郎,确实太贵了。不过你在巴黎待了15天,一定去了很多有名的地方,看到很多好玩儿的东西吧?先给我介绍介绍。"

"什么?"妻子大声嚷着说,"我什么地方也没去,也没看到好玩儿的东西。我不能每天花500法郎房租,让房间每天空着!"

练习

第一部分

二、再听一遍录音,判断正误:
　　1. ×　2. ×　3. √　4. ×　5. √

四、写下你听到的句子:
　　1. 我租一套学校附近的房子,最好是两室一厅。
　　2. 房租一个月多少钱?
　　3. 这套房子里有家具、空调、暖气和煤气。

第二部分

二、再听一遍录音,判断正误:
　　1. √　2. ×　3. √　4. ×　5. √

四、写下你听到的句子:
　　1. 这就是您要租的房子,有两个卧室、一个客厅。
　　2. 如果没有问题,请在这儿签上名字。
　　3. 另外还要再付五十元钱的中介费。

第三部分

以下是根据第三段短文的问题

请回答下列问题：
1. 妻子刚从哪里回来？
2. 妻子在巴黎的房租是多少钱？
3. 丈夫觉得巴黎的房租怎么样？
4. 妻子去了巴黎多长时间？
5. 这些天妻子在巴黎干什么了？

第四部分

根据录音及其问题，在A、B、C、D四个答案中选择唯一恰当的答案：

1. 房租每月1500，水费算在房租里，电费另付。
   问：关于这句话的意思，下面哪一句是正确的？

2. 这房子周围的环境好，交通便利，楼层也不高，最适合你们年纪大的人住了。
   问：下面哪一项不是这房子的特点？

3. 他现在很伤心，因为他即使再努力，女朋友也不会回来了。
   问：他怎么了？

4. 小李，你不用羡慕我，等你毕业的时候，也会找到一份好工作的。
   问：小李怎么了？

5. 女：我还是一个月付一次吧，这样您也放心。
   男：这是哪儿的话。老朋友还谈什么钱不钱的，你先住进来再说吧。
   问：这段对话告诉我们什么？

6. 女：这套怎么样？三室两厅，有煤气和暖气。
   男：还行，就是有点儿大。
   问：对话中的两个人在说什么？

7. 女：我觉得这辆车就挺好，样子漂亮又是名牌，你开起来一定很帅。
   男：可它不符合我想要的条件。
   问：男的是什么意思？

8. 女：我一天从早忙到晚都快累死

了,你倒好,回家就知道玩电脑。

男:你知道什么?我是在工作呢!

问:关于男的,下面哪一句是正确的?

9. 女:别找了,再不走就迟到了。
   男:不找怎么行?没有课本怎么上课啊?
   女:可以先借同学的啊。

问:男的怎么了?

10. 女:快来试试我为你挑的西装。
    男:颜色还可以,就是样子老了点儿。
    女:我觉得还行啊,再说西装的样子不都差不多嘛。
    男:你知道什么呀!
    问:关于这段对话,下面哪一句是正确的?

答案

1. A 2. C 3. D 4. D 5. D
6. B 7. A 8. D 9. A 10. D

第二十四课　我正在找工作呢

课　文

一　我正在找工作呢

王　红：哎,时间过得真快,转眼就要大学毕业了,你工作找得怎么样了?
张　明：我正忙着到处找呢,虽然给很多家公司投了简历,但是回信儿的没几个。
王　红：我觉得今年的毕业生特别多,理想的工作可不容易找到。
张　明：可不是嘛,再说很多单位招聘的要求特别高,不光看你的能力、学历、工作经验,甚至性格也很重要!
王　红：你这么优秀,肯定能找到好工作。
张　明：希望是这样! 对了,别光说我了,你的工作联系得怎么样了?
王　红：我联系了几所学校,两个学校已经通知我去面试了。
张　明：你想当老师呀,挺不错的! 现在教师的地位很高,收入也很稳定,挺适合女孩子的!
王　红：说得是。你也抓紧时间找个好工作吧!

二　我跳槽了

刘　丽：李林,好久不见了,你还在那家公司工作吗?
李　林：你还不知道吗? 我早就跳槽了!
刘　丽：真的吗? 那你现在在哪儿工作了?
李　林：两个月以前我就离开那家贸易公司了,去了国贸的一家外企做广告设计。
刘　丽：国贸? 一般在那里工作的人都是"白领",而且工资可都不低呢!
李　林：别笑话我了,我只不过换了个工作,还不是给人家打工呀。
刘　丽：你的能力没的说,我相信你一定会有很好的发展。
李　林：谢谢! 不过再怎么说我也比不上您这个自己开公司的大老板!

刘　丽：哪儿呀！你过奖了！

三 第三天

　　有一个人晚上总是失眠,睡不着觉,所以他总是迟到。于是他去医院买了很多安眠药。晚上他吃了以后就睡了,这一次他睡得很香,还没到六点他就起床去公司上班了。到了公司他见到老板以后说:"您看,这一次我没迟到吧!"老板说:"挺早,不错,但你能告诉我你昨天干什么去了吗?"

第一部分

二、再听一遍录音,判断正误:
　　1. ×　　2. √　　3. √　　4. √　　5. ×

四、写下你听到的句子:
　　1. 转眼就要大学毕业了,你工作找得怎么样了?
　　2. 你这么优秀,肯定能找到好工作。
　　3. 现在教师的地位很高,收入也很稳定,挺适合女孩子的!

第二部分

二、再听一遍录音,判断正误:
　　1. ×　　2. ×　　3. ×　　4. √　　5. √

四、写下你听到的句子:
　　1. 我早就跳槽了!
　　2. 我只不过换了个工作,还不是给人家打工呀。
　　3. 你的能力没的说,我相信你一定会有很好的发展。

第三部分

以下是根据第三段短文的问题

请回答下列问题:
　　1. 短文中的那个人有什么习惯?

2. 他为什么去医院？在医院里他买了什么？
3. 吃了药以后他可能睡了多长时间？
4. 这一次他迟到了吗？
5. 他到公司以后老板说了什么？

第四部分

根据录音及其问题,在 A、B、C、D 四个答案中选择唯一恰当的答案:

1. 转眼我来这个公司已经两年多了,对公司的很多事情我已经再熟悉不过了。
   问:关于这句话的意思,下面哪一句是正确的?

2. 我们公司新来了一位经理,可那个了,整天觉得自己很了不起似的。
   问:他们公司新来的经理怎么样?

3. 昨天晚上我老是睡不着,就吃了几片安眠药,没想到一下子睡过了,到了中午十一点才起床。
   问:说话人怎么了?

4. 小张的工作能力没的说,他将来一定会有很好的发展。
   问:小张的工作能力怎么样?

5. 你说他做什么不好,非得要去卖什么房子,这么辛苦!
   问:这句话是什么意思?

6. 男:你将来想做什么工作?
   女:我觉得再没有比大学老师这个职业更舒服的了!
   问:女的觉得大学老师的工作怎么样?

7. 男:你老是失眠,虽说吃安眠药有用,可是总吃这个对身体不好。
   女:说的是,谁想吃安眠药啊？可是没办法!
   问:女的是什么意思?

8. 男:我听说你又跳槽了!
   女:谁告诉你的,难道你不知道我还在那家广告公司干吗?
   问:女的最近怎么了?

9. 男:你这么聪明,又这么漂亮,将来一定能找个好老公!
   女:你过奖了!但愿如此吧!
   问:关于这段对话,下面哪一句是正确的?

10. 男:我们先走吧,别等小王了!
    女:怎么也得先告诉他一声吧! 我们最好还是给他打个电话。
    问:女的是什么意思?

1. B 2. C 3. B 4. B 5. C
6. A 7. D 8. C 9. A 10. D

第二十五课 现代人越来越爱美了

课　文

一　现代人越来越爱美了

张　　明：王姐,你发现了没有,现代人越来越爱美了。
王　　玲：谁不爱美啊?光看看大街上人们的头发吧!直的、卷的,长的、短的,发型多得很;黑的、棕的、黄的、红的,什么颜色都有。
张　　明：特别是那些歌星、影星什么的,几乎每天都换新形象。
王　　玲：可不是嘛!
张　　明：哪一天我也去变一变,时髦一回,只可惜我的头发太短了。
王　　玲：那有什么关系,理发师会帮你设计的,现在不是还流行电脑美发吗?
张　　明：好啊,我一定选个最酷的,而且每个月都变化一次。
王　　玲：不过,我可得提醒你啊,烫发、染发对头发和身体都没有好处!
张　　明：您说的有道理。

二　你去哪儿了

海　　伦：大佑,一个星期都没见着你了,你去哪儿了?
大　　佑：你猜猜看。
海　　伦：这从哪儿猜起啊?没准儿是去旅游了吧?
大　　佑：你只猜对了一半儿,我是一边旅游,一边挣钱。
海　　伦：有这样的好事儿?
大　　佑：一个韩国的旅行团来中国旅行,缺少一个翻译,于是,朋友就介绍我去了。
海　　伦：怪不得我发现你的汉语说得更流利了呢!
大　　佑：多谢夸奖!
海　　伦：而且你还做了一次免费旅游,多幸福啊!
大　　佑：幸福是幸福,只是辛苦了一点儿。而且那几天太阳厉害得很,你没看我都黑了吗?
海　伦:是比以前黑了一些,但是显得更健康了。
大　佑:是吗?这么说,我得经常晒晒太阳。

三 我现在只想要一个布娃娃

圣诞节到了,父亲和他的三个孩子围在炉子旁边烤火。父亲说:"孩子们,新的一年到来了,你们说说自己的愿望吧。"

大儿子说:"我最大的愿望是当个科学家,制造出世界上最棒的科技产品!"

二儿子说:"我长大后希望当个将军,指挥军队,多精神啊!"

该小女儿了,她认真地想了一会儿,然后天真地对爸爸笑道:"爸爸,我现在只想要一个布娃娃,您能满足我的这个心愿吗?"

练习

第一部分

二、再听一遍录音,判断正误:
1. ×　2. √　3. ×　4. √　5. ×

四、写下你听到的句子:
1. 你发现了没有,现代人越来越爱美了。
2. 特别是那些歌星、影星什么的,几乎每天都换新形象。
3. 烫发、染发对头发和身体都没有好处!

第二部分

二、再听一遍录音,判断正误:
1. ×　2. √　3. √　4. ×　5. ×

四、写下你听到的句子:
1. 这从哪儿猜起啊?没准儿是去旅游了吧?
2. 怪不得我发现你的汉语说得更流利了呢。
3. 是比以前黑了一些,但是显得更健康了。

第三部分

以下是根据第三段短文的问题

请回答下列问题:
1. 为什么父亲让孩子们说出他们自己的愿望?
2. 大儿子的愿望是什么?
3. 二儿子的愿望是什么?
4. 小女儿的愿望是什么?

第四部分

根据录音及其问题,在 A、B、C、D 四个答案中选择唯一恰当的答案:

1. 我最喜欢那个歌星了,她不光人长得漂亮,歌唱得也特别棒!
   问:说话人为什么喜欢那个歌星?

2. 现代人越来越爱美了,光从头发的颜色和样子就可以看出来,黑的、棕的、黄的,什么颜色都有;直的、卷的,样子多得很。
   问:下面哪种颜色说话人没有提到?

3. 看人家穿得这么漂亮,哪一天我也去买件时髦的衣服穿穿。
   问:说话人是什么意思?

4. 上个月我跟着旅行团一起去四川旅行了,虽说有些累,但是很有意思。
   问:从这句话中我们可以知道什么?

5. 当医生好是好,收入挺高的,但是工作太辛苦,我可不想做这种工作。
   问:说话人是什么意思?

6. 女:当演员真好,可以每天穿漂亮的衣服,还可以每天变化发型。你说呢?
   男:有什么好的,你看他们多累呀,整天没有自己的时间。
   问:关于这段对话,下面哪一句是正确的?

7. 女:我可不想找个帅哥做男朋友,一般帅哥比较花心。
   男:那可不好说!帅哥也不一定花心!比如我就不花心。
   问:男的是什么意思?

8. 女:听说你下周要去旅行,你打算

去哪儿?
男:很多人都说青岛又漂亮又干净,空气也很好,我想去那儿看看。
问:很多人都说青岛怎么样?

9. 女:大佑,张明已经到了吗?
男:给他宿舍打电话他不在,没准儿他在来这儿的路上呢!
问:男的是什么意思?

10. 女:哦,这个菜我忘了放盐了!
男:我说呢,怪不得吃起来没味儿!
问:男的是什么意思?

1. C 2. D 3. A 4. D 5. D
6. D 7. C 8. C 9. A 10. C

第二十六课　我要托运这个行李

课　文

一　我要托运这个行李

李 知 恩： 请问在哪儿可以买保险？
工作人员： 请到前边那个柜台买。
李 知 恩： 请问，这儿办去仁川的登机手续吗？
工作人员： 对，请出示一下您的护照和机票。
李 知 恩： 我要托运这个行李。
工作人员： 这个行李超重了，您需要付120元的超重费。
李 知 恩： 给您钱。

（在海关）

工作人员： 麻烦您把这个包打开，这个瓶子里装着什么东西？
李 知 恩： 是矿泉水。
工作人员： 请你打开。好，您可以走了。

二　飞机因天气原因推迟起飞

李 知 恩： 快到起飞的时间了，怎么还不通知我们登机？
朴 大 佑： 我去问一下，请问，飞往仁川的飞机能正点起飞吗？
工作人员： 飞机现在在新加坡，因为天气原因推迟起飞，请您注意收听机场的广播。
朴 大 佑： 什么时候能起飞？
工作人员： 刚接到通知，飞机11点起飞。请你们到服务台领取免费的饮料。
机场广播： 飞往仁川的乘客请注意，飞机马上就要起飞了，请到2号登机口登机。
朴 大 佑： 上飞机以前给父母打个电话吧，免得他们着急。
李 知 恩： 你想得真周到，我马上就给他们打。

三 飞机晚点

坐飞机旅行,如果碰上天气不好,有时候飞机就会延误。有一次我坐飞机回韩国,我所在的城市阳光明媚,天气好得不得了,可是眼看着飞机起飞的时间到了,飞机仍然没来,原来飞机还在另一个城市,因为那个城市天气不好,结果那次飞机晚点三个小时。

还有一次,我的一个朋友冬天坐飞机,碰上下大雪,结果飞机整整延误了24个小时,他只好和其他的乘客一起被安排在一个宾馆住了一夜,到第二天才坐上飞机。

练习

第一部分

二、再听一遍录音,判断正误:
　　1. ×　 2. √　 3. √　 4. ×　 5. √

四、写下你听到的句子:
　　1. 请出示一下您的护照和机票。
　　2. 我要托运这个行李。
　　3. 这个瓶子里装着什么东西?

第二部分

二、再听一遍录音,判断正误:
　　1. √　 2. ×　 3. √　 4. ×　 5. √

四、写下你听到的句子:
　　1. 飞机现在在新加坡,因为天气原因推迟起飞。
　　2. 上飞机以前给父母打个电话吧,免得他们着急。
　　3. 你想得真周到,我马上就给他们打。

第三部分

以下是根据第三段短文的问题

请回答下列问题：
1. 坐飞机的时候，如果天气不好会怎么样？
2. "我"回哪里的时候碰到了飞机晚点？
3. 那次飞机晚了几个小时？
4. "我"朋友坐飞机的时候遇到了什么事？
5. "我"的朋友是怎么办的？

第四部分

根据录音及其问题，在 A、B、C、D 四个答案中选择唯一恰当的答案：

1. 这种阳光明媚的日子不去旅游真是可惜了。
   问：关于这句话下面哪一句是正确的？

2. 飞往新加坡的航班，因为天气原因推迟起飞了。
   问：这句话告诉我们什么？

3. 通知：今天下午 3 点的会因为特殊原因推迟 1 小时召开。
   问：今天几点开会？

4. 女：你女朋友收到我送的礼物说什么了？
   男：什么都没说，高兴得不得了。
   问：男的女朋友怎么样？

5. 女：先生，我想要一杯矿泉水，多少钱？
   男：这是免费的。
   问：关于这段对话，下面哪一句是正确的？

6. 男：我们下班以后一起去看话剧吧，我去买票。
   女：我没准儿要加班呢。
   问：关于这段对话，我们可以知道什么？

7. 女：我刚才明明把伞放在门口了，现在怎么不见了呢？
   男：我给你拿到阳台上去了。大晴天的打什么伞啊！
   女：我那是遮阳伞！
   问：现在天气怎么样？

8. 女：你怎么买这么多东西啊？

男：不多。放在冰箱里慢慢吃吧。
女：我的冰箱也得放得下才行啊！
问：女的是什么意思？

9. 女：你帮了我这么大的忙,我该怎么谢谢你呢？
男：老朋友哪用得着客气啊！
女：那不行,要不我请你好好儿吃一顿吧！
男：免了吧。
问：关于这段对话,我们知道什么？

10. 女：怎么回事啊,还不来,火车也会晚点吗？
男：听说好像是因为下大雪,铁路出了问题,才这样的。
女：那下次就坐飞机吧,还比火车快呢。
男：你觉得下大雪的时候飞机还能起飞吗？
问：对话中的两个人在干什么？

1. C 2. D 3. D 4. B 5. C
6. C 7. B 8. A 9. B 10. A

第二十七课　她打针的胳膊发炎了

课　文

一　她打针的胳膊发炎了

罗伯特：知恩,你这是去哪儿?
李知恩：我去给海伦送药。最近她身体不舒服。
罗伯特：怎么? 她生病了吗?
李知恩：不是生病,是前几天她去医院打针,回来以后打针的胳膊发炎了。
罗伯特：打针怎么还会发炎?
李知恩：一般来说,打针是不会发炎的,可是海伦打的是预防感冒的针,医生告诉她打完针以后,当天是不能洗澡的,可是她忘了。
罗伯特：那她现在怎么样了?
李知恩：她胳膊上肿了一个大包,又红又疼,每天除了擦药消毒,还要吃消炎药呢。
罗伯特：每天洗澡是个好习惯,可是这次,好习惯让海伦有了麻烦。

二　你能帮我捎点儿东西回来吗

李知恩：听说下午你要去超市,能帮我捎点儿东西回来吗?
朴大佑：没问题,你说吧。
李知恩：我想买一斤苹果,两斤鸡蛋,还想买瓶矿泉水。
朴大佑：行。就买这些吗?
李知恩：对了,还要一袋面包,那是我下星期的早餐。
朴大佑：早餐只吃面包营养可不够啊!
李知恩：不会的,不是还有鸡蛋嘛! 你怎么去超市?
朴大佑：走着去,超市不太远。
李知恩：我有自行车,你还是骑我的自行车去吧。买那么多东西走着回来太累了。这是钱和钥匙,谢谢你啦!

朴大佑： 不客气！

三 严厉的老师和不认真的学生

班上来了一位新老师，他很严厉。严厉的新老师不喜欢缺课的学生，也不喜欢上课不认真听讲的学生。一天，老师提问王小明，王小明没有认真听讲，不会回答问题，他怕老师生气，所以站起来对老师说："老师，王小明今天请假了，他没来。"老师听了有点儿不高兴，说："你们总是喜欢请假，那你替他回答这个问题吧。"王小明以为自己很聪明，可是没想到老师会继续让他回答问题，结果当然是没有回答对，老师更生气了："这位同学你上课不认真听讲，这是不对的，下课以后，请你和那位缺课的王小明一起来我的办公室一趟吧。"

练习

第一部分

二、再听一遍录音，判断正误：
1. × 2. × 3. × 4. × 5. √

四、写下你听到的句子：
1. 一般来说，打针是不会发炎的。
2. 她胳膊上肿了一个大包，又红又疼。
3. 每天除了擦药消毒，还要吃消炎药呢。

第二部分

二、再听一遍录音，判断正误：
1. √ 2. × 3. √ 4. × 5. √

四、写下你听到的句子：
1. 听说下午你要去超市，能帮我捎点儿东西回来吗？
2. 早餐只吃面包营养可不够啊！
3. 买那么多东西走着回来太累了。

第二十七课
她打针的胳膊发炎了

第三部分

以下是根据第三段短文的问题

一、请回答下列问题：
1. 新来的老师怎么样？
2. 新老师不喜欢什么样的学生？
3. 王小明为什么不会回答问题？
4. 最后老师让王小明干什么？

第四部分

根据录音及其问题，在 A、B、C、D 四个答案中选择唯一恰当的答案：

1. 海伦的胳膊上肿了一个大包，又红又疼，一定是发炎了。
   问：海伦怎么了？

2. 她每天除了擦药消毒，还要吃消炎药呢。
   问：下面哪一项女的**不**需要做？

3. 小刘，你要去超市是吧？给我捎点儿鸡蛋回来吧。
   问：说话人想干什么？

4. 我买了一斤苹果，两斤鸡蛋。另外还有一袋面包，那是我下星期的早餐。
   问：关于这句话的意思，下面哪一句是正确的？

5. 不管遇到什么困难，我都会努力积极地生活下去！
   问：这句话是什么意思？

6. 女：早饭只吃面包营养可不够。
   男：不是还有鸡蛋嘛！
   问：关于这段对话，下面哪一句是正确的？

7. 女：你中午吃的什么？
   男：本来想吃饺子，可卖光了。想买包子，又要排队等。最后只好吃馒头了。
   问：男的是什么意思？

8. 女：你还是骑车吧。拿那么多东西走着去再走着回来，多累啊。
   男：累什么啊！
   问：男的是什么意思？

9. 女：林老师，您要的书已经借出去

了。要不我再去书店看看能不能买一本。

男:算了。

问:关于这段对话,下面哪一句是正确的?

10. 女:我以为你睡着了,所以就没叫你起来接电话。

男:外边人嚷嚷的声音那么大,我能睡着才怪呢!

问:男的为什么没睡着?

1. B　2. D　3. D　4. B　5. D
6. B　7. D　8. D　9. D　10. A

第二十八课　父母可以成为孩子的朋友

课　文

一　父母可以成为孩子的朋友

张　明：刘姐,你们家天天应该10岁了吧?在家里听您的话吗?
刘　玲：天天还是挺听话的,不过我很尊重孩子自己的想法。
张　明：现在很多家长都喜欢给孩子报名参加各种培训班,什么学英语啦,弹钢琴啦,希望他们将来能成为优秀的人才。
刘　玲：在我看来,这要看孩子自己有没有兴趣。如果只是父母的想法,上培训班就会成了孩子的负担。天天爱集邮,我就帮他收集各种邮票。
张　明：那孩子做错事的时候也得批评吧?
刘　玲：批评是必要的,不过和孩子交流、沟通是更好的方式。
张　明：对了,好像现在有句话特别流行,叫做"父母可以成为孩子的朋友"。
刘　玲：是这样,父母和孩子本来就有"代沟",没有沟通的话,怎么能互相理解呢?
张　明：我同意您的看法,平等地对待孩子更能让他们快乐地成长。

二　你现在还没工作呢

大　佑：知恩,口语老师布置的调查作业你完成了吗?
知　恩：是对中国退休老人生活的调查吧?那还用说,报告我都写完了。
大　佑：你的速度够快的。是去哪儿采访的?
知　恩：张明陪我去了一所老年大学,我认识了很多退休老人。
大　佑：他们在那里可以做些什么呢?
知　恩：我告诉你吧,活动多着呢!练书法、画国画,当然还可以下棋、聊天儿。
大　佑：我看老年大学真是他们娱乐的好地方。

知　恩：是的,不过老人们可不光把那儿当做玩儿的地方,还把它看成是重新学习的校园呢!

大　佑：对,你说的这个意思用一句汉语的俗语怎么说来着?

知　恩：叫"活到老,学到老。"他们中很多人都说:"人退休了,思想不能退休啊!"

大　佑：老年大学真是不错,将来我也一定要去。

知　恩：我看这事儿远着呢!你现在还没工作呢!

三 幸福是什么

一只小狗问它的妈妈:"妈妈,幸福是什么?"

妈妈说:"幸福是你的尾巴尖。"

于是小狗每天都试着去咬到它的尾巴尖,好得到幸福。可不管它怎么努力,还是不能成功。

于是小狗又去问它的妈妈:"妈妈,为什么我追不到幸福?"妈妈说:"宝贝,你只要抬起头往前走,幸福就会一直跟着你。"

练习

第一部分

二、再听一遍录音,判断正误:
　　1. ×　2. √　3. ×　4. √　5. ×

四、写下你听到的句子:
　　1. 不过我很尊重孩子自己的想法。
　　2. 批评是必要的,不过和孩子交流、沟通是更好的方式。
　　3. 平等地对待孩子更能让他们快乐地成长。

第二部分

二、再听一遍录音,判断正误:
　　1. ×　2. ×　3. √　4. ×　5. √

四、写下你听到的句子:
　　1. 那还用说,报告我都写完了。

2. 老年大学真是他们娱乐的好地方。
3. 活到老,学到老。

第三部分

以下是根据第三段短文的问题

请回答下列问题:
1. 小狗的妈妈告诉它幸福是什么?
2. 小狗为了得到幸福,它是怎么做的?
3. 那只小狗觉得自己得到幸福了吗?
4. 这篇短文告诉了我们什么道理?

第四部分

根据录音及其问题,在A、B、C、D四个答案中选择唯一恰当的答案:

1. 人一老毛病就多了,身体一天不如一天了。
   问:这句话是什么意思?

2. 我们家小明,真是气死我了,大人说什么他都不听,你说这怎么办?
   问:小明怎么了?

3. 他性格不好,工作又不好,你跟这种人结婚能幸福得了吗?
   问:这句话是什么意思?

4. 你首先要尊重别人,要不然别人也不会尊重你。
   问:这句话是什么意思?

5. 在公司里,你应该平等地对待每一位同事,这样才能和同事进行更好的交流。
   问:这句话是什么意思?

6. 男:看你们老两口多幸福!
   女:我们老两口都退休了,也没什么可忙的,就每天早上来公园散散步。
   问:关于这段对话,下面哪一句是正确的?

7. 男:你爸爸才多大年纪,怎么这么早就退休了?
   女:不是六十岁退休吗?他今年六十岁,刚退休。
   男:看起来不像啊!
   问:关于这段对话,下面哪一句是正确的?

8. 男:我们家丽丽上学都上到二十五六了,还没男朋友,你说急人吧!
   女:我倒认识一个小伙子,挺不错的,学电脑的,要不我给说说?
   问:关于这段对话,我们可以知道什么?

9. 男:王丽,听说你要出国,出国的手续都办好了?
   女:你听谁说的?这事儿还远着呢!
   问:女的是什么意思?

10. 男:昨天我去一个中学采访了几个学生。
    女:采访得怎么样?
    男:他们都说现在的学习压力太大了,而且和父母也有代沟。
    问:关于这段对话,下面哪个一句是正确的?

1. D 2. A 3. B 4. A 5. B
6. A 7. C 8. B 9. B 10. D

第二十九课　我们要去教学实习

课　文

一　我们要去教学实习

海　　伦：罗伯特,我看到一楼有一个通知,我们留学生要去教学实习。
罗伯特：是吗?今年要去哪儿?
海　　伦：有两条路线可以选择,一条是去杭州、苏州和上海;还有一条是去西安和洛阳,听说我们还去少林寺。
罗伯特：啊!太好了!这些地方我都想去。
海　　伦：只能选择一条路线,你打算选择哪条?
罗伯特：让我想想,听说苏州和杭州风景很美,有"上有天堂,下有苏杭"的说法,我去苏州、杭州吧。
海　　伦：我对中国历史很感兴趣,另外我也喜欢中国功夫,我选择去西安和少林寺。
罗伯特：我们去不同的地方,到时候我们都多拍点儿照片,回来后再交流一下儿旅游的感受吧。
海　　伦：你决定了?现在就可以去办公室报名了。
罗伯特：好吧,我们一起去报名吧。

二　我们参观了中国的小学

张　　明：看你这兴奋的样子,有什么喜事吗?
李知恩：张明,你知道吗?今天上午我们留学生一起去参观中国的小学了。
张　　明：是吗?你感觉怎么样?
李知恩：简直棒极了!刚进校门的时候,我看见孩子们正站在那儿等我们,一看见我们来了,他们又蹦又跳,高声喊着"欢迎欢迎"!他们太热情了!
张　　明：那一定很热闹!

李知恩：对！我们进去以后，参观了他们的教室、图书馆、语音室、操场等。
张　明：那也不用这么兴奋啊！
李知恩：主要是参观完以后，我们和孩子们一起玩儿呢！他们太可爱了，而且很聪明！他们给我们展示了很多才艺呢！
张　明：什么才艺？
李知恩：除了唱歌、跳舞以外，还有绘画、武术、书法表演！我们边看边聊，真开心！
张　明：怪不得你这么高兴！

三　中国的留学生活

　　时间过得真快，转眼我来中国留学已经快一年了，在这一年里我有了很大的收获。首先，我的汉语水平得到了很大的提高。刚来中国的时候我就会说"你好"、"再见"之类的简单对话，现在我能跟中国人进行比较复杂的交流了。其次，我还交了很多外国朋友，有来自日本的、英国的，还有来自非洲等很多国家的，他们都很友好，也很善良，我们常常一起聊天儿、喝酒。还有，我去了中国的很多城市旅行，上海、南京、西安等我都去过了。在旅行中我发现中国经济发展得真快！总之，我太喜欢在中国的留学生活了！

第一部分

二、再听一遍录音，判断正误：
　　1. ×　2. ×　3. √　4. √　5. ×

四、写下你听到的句子：
　　1. 只能选择一条路线，你打算选择哪条？
　　2. 听说苏州和杭州风景很美，有"上有天堂，下有苏杭"的说法。
　　3. 到时候我们都多拍点儿照片，回来后再交流一下儿旅游的感受吧。

第二部分

二、再听一遍录音，判断正误：
　　1. ×　2. √　3. ×　4. √　5. ×

四、写下你听到的句子：
1. 看你这兴奋的样子,有什么喜事吗?
2. 那一定很热闹!
3. 他们太可爱了,而且很聪明!

第三部分

以下是根据第三段短文的问题

请回答下列问题：
1. 这个留学生在中国待了多长时间了?
2. 在中国留学的生活中,他都有什么收获?
3. 他有哪些外国朋友? 他们常常在一起做什么?
4. 他去了中国的哪些地方旅行?
5. 他喜欢中国的生活吗? 你呢?

第四部分

根据录音及其问题,在 A、B、C、D 四个答案中选择唯一恰当的答案：

1. 今年的教学实习比以前的哪次都好,简直棒极了!
   问:说话人是什么意思?

2. 张明很喜欢照相,特别是风景照,每到一个地方,他都会把那里有特色的风景拍下来。
   问:张明是个什么样的人?

3. 看什么看,没见过人家夫妻闹矛盾吗?
   问:这句话是什么意思?

4. 今天的天气那么好,我的心情也很好,我感觉一切都是那么美好!
   问:说话人怎么了?

5. 女:你唱歌唱得这么好,快给我们展示展示吧!
   男:哪儿呀! 我一唱你们一定会呕吐的!
   问:男的是什么意思?

6. 女:大佑,你的中国功夫练得不错嘛!
   男:因为我的老师教得好呗! 他打得可比我好多了!
   问:从对话中我们可以知道什么?

7. 女:你去过杭州吗?

男:这还用问吗?俗话说"上有天堂,下有苏杭",这么有名的地方我还能不去?
问:男的是什么意思?

8. 女:气死我了,张明说好了给我打电话,到现在还没打!
男:你给他打就是了,那也用不着这么生气啊!
问:男的是什么意思?

9. 女:快回国了,我才后悔没有好好儿学汉语!每天不是跟朋友玩儿,就是去酒吧喝酒!
男:后悔有什么用?你还不如在最后这一段时间多努力呢!
问:关于这段对话,下面哪一句是正确的?

10. 女:现在的孩子真是多才多艺,比我们小时候可聪明多了!
男:那当然了,现在的孩子学习的条件也比我们好多了!
问:关于这段对话,下面哪一句是正确的?

1. B 2. D 3. B 4. A 5. C
6. D 7. A 8. C 9. A 10. C

第三十课 你是不是南方人

课 文

一 你是不是南方人

李知恩：张明,听口音,你是不是南方人?
张　明：真厉害！你怎么听出来的？看来我的普通话太糟糕了！
李知恩：前一段时间我去南方旅行,那儿的人说话口音和你一样,所以我猜你可能是南方人。
张　明：那除了说话以外,你觉得南方和北方还有什么差别吗？
李知恩：我感受最大的是南方的空气很湿润,比北方好多了,北方太干燥了。
张　明：你对北方人和南方人的印象有没有差别？
李知恩：有差别。首先他们的样子不同。南方人比较矮小,皮肤有点儿黑;北方人比南方人高,而且更强壮。
张　明：你对他们的性格了解吗？
李知恩：除了你以外,我跟南方人接触比较少,我听说南方人比较细心、精明;北方人就稍微粗心一点儿,性格很豪爽。
张　明：你说得太对了！真是没白在中国待这么长时间！

二 你舍得离开中国吗

张　明：知恩,快回国了,是不是很舍不得离开中国？
李知恩：当然了,我在中国待了一年了,对这里有了很深的感情,真舍不得离开这里！
张　明：没事儿,以后有机会再来中国就是了。
李知恩：其实我也可能回去一趟再回来,我太喜欢中国了,我想以后在中国找工作。
张　明：这个想法不错。说说看,你喜欢中国哪些方面呢？
李知恩：我觉得中国人很热情好客,另外我觉得中国的经济发展很快,如果我能在这里找到一份好工作的话,在事业上会有很多成功的机会。
张　明:你不打算做家庭主妇了?看来你打算做女强人啊!
李知恩:没错儿!

三 你了解中国文化吗

　　你了解中国的文化吗?中国文化和西方文化确实有很大的差异。有些留学生来到中国以后,发现中国人招待客人时,饭菜总是摆满一大桌子,而且很热情地劝客人喝酒吃菜,他们总是不能理解中国人为什么这么浪费。其实这不是浪费,而是中国人招待客人的一种方式。他们怕招待不够热情周到,所以这样。还有一点就是中国人很谦虚。当别人夸奖自己的时候,中国人总是说:"哪里,哪里"、"我还差得远呢"、"我比不上你"这样的话。请你们不要误会,他不是真的没有能力,而是中国人表示谦虚的一种方式。所以,如果你了解了中国文化,就不会对很多事情感到奇怪了。

练习

第一部分

二、再听一遍录音,判断正误:
　　1.√　2.√　3.×　4.×　5.√
四、写下你听到的句子:
　　1.听口音,你是不是南方人?
　　2.你对北方人和南方人的印象有没有差别?
　　3.北方人比南方人高,而且更强壮。

第二部分

二、再听一遍录音,判断正误:
　　1.×　2.×　3.√　4.×
四、写下你听到的句子:
　　1.快回国了,是不是很舍不得离开中国?
　　2.没事儿,以后有机会再来中国就是了。
　　3.我觉得中国人很热情好客。

第三部分

以下是根据第三段短文的问题

请回答下列问题：
1. 中国文化和西方文化有没有差异？
2. 为什么中国人吃饭的时候喜欢饭菜摆满一大桌子？
3. 为什么别人夸奖自己的时候，中国人会说"哪里，哪里"？
4. 你了解中国的文化吗？

第四部分

根据录音及其问题，在 A、B、C、D 四个答案中选择唯一恰当的答案：

1. 我从小在南方长大，所以刚到北方的时候一点儿也不习惯，常常觉得很干，有点儿受不了。
   问：关于这句话的意思，下面哪一句是正确的？

2. 这个明星虽然皮肤有点儿黑，但是显得很健康，还是很帅的一个小伙子！
   问：这个明星怎么样？

3. 说话的时候，有的南方人的"z、c、s"和"zh、ch、sh"常常分不清楚，到现在我还常常把"四十"读成"四四"呢！
   问：从对话中我们可以知道什么？

4. 小王，在公司工作和当老师真的有很大的差别，我觉得在公司工作太复杂了，你还是当你的大学老师吧，别整天想着换工作！
   问：从这句话中，我们可以知道什么？

5. 刚到中国的时候，我不了解中国文化，所以中国人说"哪里，哪里"的时候，我还以为他问我要去哪儿呢！
   问：男的是什么意思？

6. 男：我听说南方人喜欢吃米饭，你怎么就喜欢吃馒头呢？
   女：可能是我在北方待的时间比较长，已经习惯了。
   问：关于这段对话，下面哪一句是正确的？

7. 男：听口音，你是北京人吧！
   女：你怎么听出来的？
   男：你说话的时候，"儿"特别多。
   问：关于这段对话，下面哪一句是正确的？

8. 男：你性格这么好,又这么细心,谁当你的男朋友谁就幸福了!
   女：我也是这么想的,呵呵!
   问：女的是什么意思?

9. 男：快回国了,真舍不得离开中国!
   女：当然了,你在中国留学两年了,对中国一定很有感情吧!
   男：谁说不是呢!

问：关于这段对话,下面哪一句是不正确的?

10. 男：到中国留学以后,我发现中国经济发展得太快了,和我以前想的不一样。
    女：可不是嘛!特别是上海、北京这样的大城市,很繁华,商业也很发达!
    问：这段对话告诉我们什么?

1. D 2. D 3. A 4. B 5. C
6. D 7. B 8. D 9. D 10. C